UFKUN ÖTESİNDE ÜTOPYAYI KEŞFETMEK

UFKUN ÖTESİNDE ÜTOPYAYI KEŞFETMEK
Utopia
Angel 42'
GERÇEK YAŞAM
ÖYKÜLERİ
CEMAL YAZICI

İçindekiler

ÖNSÖZ

Zaman kendimi yüz yılardır yaşayan bir kadın gibi hissetmeme neden oluyor. Yüzümde ki yorgunluk ve çizgiler kırk yılın birikmiş faturası gibi, bazen elimde kahve ile bazen de elimdeki gazete ile uyukluyorum. Ben bir İngiliz'im Malta'da yaşıyorum ve bu küçük barda mutluyum buraya her gelen insanın birbirinden farklı hikayeleri var. Bazı hikayeler komik bazısı acıklı ama sonuç olarak hepsi birbirinden farklı yaşanmış gerçek hikayeler.

Malta'da bulunan sıra dışı, kendi kuralları olan, insanların dünya ile olan ilişkilerini sonlandırmak için geldikleri hayali bir barda anlatılan gerçek hayat öyküleri. Bu sıra dışı ve hayal ürünü olan bara gelen gerçek insanların yaşadıkları tuhaf, komik, hüzünlü öyküleri bizlere hem öğrenme hem de eğlenme fırsatı verirken bizlere Dünya'nın dört bir yanında yaşayan insanların hayatlarına tanıklık etme imkânı sunuyor.

Ufkun ötesinde ütopyayı keşfetmek... Bir gece kendilerini bir barda bulan insanların Dünya'dan uzaklaşıp kendi Ütopyalarına olan yolculuklarına başlamaları sonucu, sıcak bir sohbet eşliğinde ortaya çıkan sırları, hedefleri, pişmanlıkları ve daha fazlası. 15 farklı kişi 15 farklı gerçek yaşam öyküsü

UFKUN ÖTESİNDE ÜTOPYAYI KEŞFETMEK

Otobüs ile yaklaşık 11 saat süren bir yolculuktan sonra nihayet Antalya'ya ulaştım. İstanbul'un stres ve gürültüsünden sonra buraya gelmek içimde bir heyecan uyandırdı. İstanbul Türkiye'nin en büyük şehri ve en kalabalık şehri, fakat ben o koskoca şehirde yalnız kaldığım için buraya gelmeye karar verdim. Kendime itiraf edemesem bile o büyük şehirden buraya kaçtım. Bundan sonra hayatta yalnızım ama hala umudum var.

Ayağımı yere basar basmaz yüzüme vuran sıcak hava ilk başta beni biraz sersemletti. Valizimi elime aldıktan sonra şöyle bir etrafa baktım. Hava sıcak olmasına rağmen ben üşüyordum elimde tuttuğum valizi yere bırakmak aklıma bile gelmiyordu. Bir süre sonra elimde bir acı hissettim bu sayede kendime geldim. Taksi durağına doğru yürürken ellerim titriyordu. Korkmaya başlamıştım ve bunu kendime söyleyebiliyordum. Taksinin camını açtığım zaman yüzüme vuran sıcak rüzgâr beni kendime getirmeyi başardı. Trafik ışıklarında beklerken denizin kokusunu hissedebiliyordum, cebimde kalmış olan son sakızı çiğnemeye başladım. Taksi hızlandıkça esen rüzgâr düşüncelerimi alıp götürüyordu aklımda İstanbul ile ilgili hiçbir şey kalmamıştı daha doğrusu ben öyle olmasını istiyordum. Kısa bir yolculuktan sonra şirketin önüne gelmiştim, bu bina yol kenarında beş katlı eski görünümlü bir binaydı. Mavi beyaz renkleri olan bir tabela vardı ve tabelanın üzerinde şirketin ismi yazıyordu. Taksiden inip şoföre taksi ücretini ödedim artık param azalmaya başlamıştı. Nihayet işe başlayacaktım iş ile ilgili umutlarım vardı. Saçlarımı kısa kestirmiştim çünkü tipimi değiştirmek ve tanınmamak istedim. Ofise baktığım zaman içeride iki kadın vardı oturamayacak kadar sinirlilerdi masa da oturan kadın belli ki ofiste çalışan birisiydi ve diğer iki kadını sakinleştirmeye çalışıyordu. Kadınlardan bir tanesi uzun boylu iri yarı birisiydi ve durmadan elindeki kâğıdı diğer kadına gösteriyordu. En sonunda iki kadın da ofisten çıkıp yürümeye başladı onlar kendi aralarında bağırarak konuşuyorlardı ve buradan uzaklaşıp gittiler. Ofis çalışanı kadın ise sigarasını yaktı ve kendi kendine söylenmeye devam etti. Beyaz gömlekli uzun saçlı genç bir kadın olan ofis çalışanı beni fark etti ve sinirli bir şekilde bana baktı. Bu sırada yoldan geçen bir arabanın korna çalması sonucu kendimi toparladım ve ofise doğru yürümeye başladım. Ofisin kapısı açıktı bu cam bir kapıydı ve camın bazı yerleri çatlamıştı içeride siyah renkli deri koltuklar vardı masanın diğer tarafında oturan bayan sigarasını söndürdü ve bana bakarak "Hoş geldiniz nasıl yardımcı olabilirim" dedi. Konuşma sırası bendeydi ama bir an için heyecanlandım ve konuşamadım sonra iyi günler deyip masaya doğru yaklaştım kadın bana bakıp gülümsedi ve "evet" dedi. İsmimi söyledim ve İstanbul'dan geldiğimi söyleyerek konuya girdim. 2 hafta önce sizi aramıştım temizlik işi için geldim dedim ve kadın benim sözümü kesti. Sıcak bir gülümsemeyle birlikte hoş geldin dedi ve ayağa kalkarak yanıma geldi tokalaşmak için elini uzattı ve bana sarıldı. Uzun boylu bir bayandı siyah uzun kıvırcık saçlı birisiydi yeşil gözlü olan bu kadın beni gördüğü için rahatlamıştı ve çok sevinmişti. Onun bu sevincini anlamamış olsam da onun bana karşı olan samimi yaklaşımı hoşuma gitmişti.

O işi gereği beni tanımak için sorular soruyordu o konuşurken masanın üzerinde bir kâğıt vardı bu kâğıt biraz önce burada bağıran kadının elindeki kağıttı bu kâğıdı görmüştüm. Kadının konuşmasına aldırış etmeden kâğıt da yazanları okumaya başladım. Kadın ve arkadaşı bir evde temizlikçi olarak çalışırken evin sahibinin erkek kardeşi gelmiş ve kadınların yanında soyunmaya başlamış sarhoş olan bu adam kadınları taciz etmişti. Bu yüzden kadınlarda adama bardak fırlatarak odadan kaçmışlar ve evi terk etmişlerdi. Fakat kadınlardan bir tanesi salondaki televizyonu balkondan aşağıya atmıştı o an yolun boş olması nedeniyle hiç kimse yaralanmamıştı fakat adamın arabasının üzerine attıkları televizyon kırılmış ve arabada hasar oluşmuştu.

Konuşan bayanı dinlememiş olsam da onun söylediği şuydu "her hafta farklı otellerde çalışacaksın bazen şehir merkezinde bazen ilçelerdeki otellerde iş yapacaksın dedi". Ofisin üst katında dördüncü katta iki tane dairelerinin olduğunu ve diğer sekiz bayanla birlikte burada kalabileceğimi söyledi eğer kalacak başka bir yerim varsa ve burada kalmak istemezsem farklı bir ev seçme şansımın olduğunu belirtti. Hem üç aydır çalışmıyordum hem de alışveriş yaptığım için param az kalmıştı. İstanbul'da yola çıkmadan bir gün önce bankadaki bütün paramı almıştım ve alışveriş yapmıştım kuaföre gitmiştim otobüs için bilet aldıktan sonra cebimde kalan para çok azdı. Zaten yalnız kalmaktan korkuyordum. Birlikte ofisin içerisindeki bir merdivenden apartmana geçiş yaptık dar merdivenleri olan eski sayılabilecek bir apartmandı ama asansör vardı asansör olmasına çok sevinmiştim çünkü merdiven çıkacak gücüm kalmamıştı başım ağrıyordu ve nemden dolayı nefes alamıyordum ve terliyordum. Bayanın ismini sormamıştım daha doğrusu o ismini söylemişti fakat unutmuştum bu yüzden ona siz diyordum. Kapının zilini çaldı ve birkaç saniye bekledikten sonra yaklaşık elli yaşlarında bir kadın kapıyı açtı. Kısa boylu zayıf bir bayandı üzerindeki tişört kırmızıydı fakat rengi solmuş ve başka bir renge dönüşmüştü. 'Merhaba ben çiçek' dedikten sonra içeriye girdim tokalaştık ve o bana birkaç saniye baktı saçlarımın kısa oluşu ona garip gelmişti. İsmi Svetlana olan bu kadın Rus vatandaşıydı ve uzun yıllardır Türkiye'de olduğunu söyledi açıkçası benim pek umurumda değildi bir an önce dinlenmek istiyordum. İçeriye girdikten sonra sol tarafta bir oda vardı bu odanın benim odam olduğunu söylediler ve odanın temizlendiğini temiz yastık çarşaf koyduklarını söylediler içeriye sadece iki kişi sığabiliyordu uzunluğu üç metre olan odanın genişliği pek fazla değildi. Sol tarafta Tek kişilik bir yatak vardı sağ tarafta bir komidin ve ortada ben vardım beş altı adım sonra sol tarafta bir dolap ve dolabın kapağında ayna vardı. Balkon yoktu ama en azından pencereler açılabiliyordu.

Odadan çıkıp diğer odaya girdim ikisi de buradaydı ve konuşuyorlardı Svetlana odayı beğenip beğenmediğimi sordu ofisteki kadının adını bir anda hatırlayıp Fatima diye seslendim ve teşekkür ettim. O cebinden çıkardığı not defterini açtı ve okumaya başladı yarın sabah işe başlayacaktım, diğer kadınlar evlere temizlik işi için gidiyorlardı ben ise otellere yardıma gidecektim. Oteller işlerin çok olduğu zamanlarda ekstra personel kiralıyorlardı ve ben bunlardan birisi olacaktım.

Valizimi açıp kıyafetlerimi çıkardım dolap küçük olduğu için çamaşırlarımın valizde kalmasına karar verdim sadece sıklıkla kullanacağım kıyafetleri dolaba yerleştirdim sonra valizi yatağın altına kaldırdım ve pencereleri açtım. Odanın güzel bir manzarası vardı genelde beş altı katlı apartmanlar olan bir caddeydi ileride deniz vardı ve çok güzel görünüyordu perdeleri kapatıp yatağa uzandım artık gözlerim kapanıyordu başım ağrıyordu kolum uyuşmaya başlamıştı sol elimde bir ağrı vardı toparlanmaya çalıştım. Yatak hareket etmeye başladı bir anda sol elimdeki ağrı sona erdi ve elimin hafiflediğini fark ettim 'çat' diye bir ses geldi ve uyandım. Terlemiştim kolum ve boynum ağrımıştı, kanepe de uyuyup kalmışım elimdeki fincan yere düşmüş ve kırılmıştı. Elimdeki ağrı fincanı tuttuğum için olmuştu. "kahretsin" dün gece ki tanıştığım adam bana Türkiye tatilinden bahsetmişti orada tanıştığı temizlikçi kadını anlatmıştı. Dün geceki yorgunluğun etkisiyle adamın bana anlattığı olayları rüyamda görmüştüm.

Malta'dan Sevgiler

Benim ismim Ashley burada bir barın sahibiyim şirin sevimli bir barı işletiyorum. 'Utopia Angel 42' ismindeki bu bar bir otelin içerisinde ve müşterilerim otelde kalan insanlar bu insanlar tuhaf oldukları için yaşadıkları hikayelerde tuhaf. Birbirinden farklı insanların hayat hikayelerini anlattıkları bir bara hoş geldiniz.

Zaman kendimi yüz yılardır yaşayan bir kadın gibi hissetmeme neden oluyor. Yüzümde ki yorgunluk ve çizgiler kırk yılın birikmiş faturası gibi, bazen elimde kahve ile bazen de elimdeki gazete ile uyukluyorum. 170 boyunda uzun sarı saçları olan yeşil gözlü birisiyim ve bekarım. Zaman içerisinde birçok yer gezip gördüm buraya geldikten sonra artık burada kalmam gerektiğine karar verdim. Bu doğru ama şimdilik.

'Utopia Angel 42' bu ismi ben buldum zamanla anlamını anlatacağım. Her gün Mekâna girdiğim zaman etrafı kontrol ediyorum. Siyah beyaz damalı taşlarla döşenmiş olan zemin üzerinde yürürken solumda duran yarım ay şeklindeki büyük deri koltuğun bana hoş geldin der gibi bakması önündeki büyük ve yuvarlak ağaç masanın ışıklar altında parlaması bana zevk veriyor. Yine ağaç dalları şeklinde yapılmış olan bar masasının ve her bir dalın önünde bar taburelerinin olması fikrini ben bulmuştum. Dalların içindeki mavi ışık burayı bir karnaval yerine benzetiyor. Barın üzerindeki tabaklarda her zaman kurabiye ve kek olmak zorunda. Arkamda duran raflarda sınırlı sayıda ve özellikle seçilmiş içkiler var bu dolaplar şeker şeklinde yapılmış olup rengarenk bir görünüme sahip genelde pembe ve mavi renkler kullanılan bu dolapların kapakları turta şeklinde aynaya dönüp baktığım zaman üzerimdeki siyah gömleğin her zaman ütülü olduğunu ve yakamdaki karpuz dilimi şeklindeki isimliğin hazır olduğunu görüyorum. Son bir kez saçlarımı düzelttikten sonra hazırım ve kapılarımı yeni maceralara açıyorum. Buranın özelliği küçük samimi bir ortam olması ve buraya gelen kişilerin içki içmek yerine konuşmak dertleşmek için geliyor olmasıdır. Ben bu yüzden para kazanıyorum. Bu işletmenin farklı bir dekorasyona sahip olması insanların ilgisini çekiyor sandalye yerine deri koltukların kullanıldığı bu bar ahşap kullanılarak dekore edildi. Pencereleri küçük olan bu bar kapısı kapandığı zaman dışarıyla ilişkisini kesen bir yer haline dönüştü. Burası benim ütopyam burada bulunan şeyler aslında görüldüğü gibi değil.

Ben bir İngiliz'im Malta'da yaşıyorum ve bu küçük barda mutluyum buraya her gelen insanın birbirinden farklı hikayeleri var. Bazı hikayeler komik bazısı acıklı ama sonuç olarak hepsi birbirinden farklı yaşanmış gerçek hikayeler.

1. ŞİŞMAN ADAM

Masalarda insanlar oturmuş sohbet ediyorlardı. Diğer günlere göre yüksek bir müzik sesi vardı. İki genç kız birbirleriyle eğlenerek yerdeki siyah dama taşlarına basmadan yürümeye çalışıyorlardı. Arkadaşları onları izleyip gülerken onlar sırayla yürüyorlardı. Oyunun kuralı sadece beyaz taşlara basarak bara kadar gidebilmekti. Oyunu kaybeden kişi diğer beş kişiye içki ısmarlayacaktı. Beyaz gömlekli uzun sarı saçları olan kız uzun bacakları sayesinde taşların üzerinden atlayarak bara doğru yaklaşıyordu. Kısa boylu kıvırcık saçlı gözlüklü kız ise her iki adımda bir yere düşüyordu ve arkadaşlarını güldürüyordu. Beyaz sarı renkteki spor ayakkabısı dikkatimi çekmişti ayakkabısının altına bir kâğıt yapışmıştı ve kız yere düştüğü zaman kâğıdı eliyle düzelterek tekrar ayakkabısının altına yapıştırıyordu. Onun ne yapmak istediğini anlayabiliyordum masadaki arkadaşları oyunun kaybeden kişinin arkadaşlarına ısmarlaması gereken içkileri kâğıda yazıp kızlara veriyorlardı. İçerdeki loş ışık sayesinde barın uzaktan görüntüsü bu kızların gözüne oldukça hoş görünüyordu. Ağaç dalları şeklindeki bar tabureleri bara bitişik olduğu için ve bu ağacın dallarında kağıtlar ve ziller olduğu için insanlar buraya ulaşmak için adeta kendilerini zorluyorlardı. Diğer masalara göz attığım zaman gördüm ki masalarda genelde iki veya üç kişilik gruplar oturuyorlardı. Elimdeki yıkanmış bardakları silerken bir taraftan da masalara göz gezdiriyordum. Yeni evli oldukları her hallerinden belli olan bir kız ve adam neredeyse her dakika başı birbirlerini öpüyorlardı ve fotoğraf çekiyorlardı. Uzun boylu geniş omuzlu esmer bir adamdı ve yaklaşık kırk yaşlarında olan bu adam kızı çok seviyor olmalıydı, kız ise oldukça bakımlı bir kızdı saçları makyajı ve mavi gözleri herkesin ilgisini çekebilirdi. Halinden memnun olan bu çift bir süre sonra bana seslendi ve ikisi birlikte yanıma gelerek iki adet viski istediler barın köşesindeki şişeyi almak için birkaç adım attım ve bu arada dallardaki çıngıraklardan ses geldi. Birisi zilleri var gücüyle sallıyordu kimin olduğunu tahmin etmeme gerek kalmadan o bana seslendi. Kıvırcık saçlı, gözlüklü, spor ayakkabıları olan kız oyunu kaybetmişti ve elindeki listeyi bana uzattı. Gülerek kâğıdı aldım ve önceden hazırladığım bir meyve kokteylini ona ikram ettim. Kız masada oturan arkadaşlarının yanına doğru yürürken oldukça sakin ve yorgundu. Şişeyi açıp viskileri bardaklara doldurduktan sonra karşımda duran ve fotoğraf çeken çifte uzattım bana teşekkür ederek gittiler. Bu arada kapı açıldı barın kapısı kapalı olduğu zaman dışarıyı göremiyorduk bunun böyle olmasını ben istemiştim çünkü burasının konsepti böyleydi insanlar buraya girdikleri andan itibaren ütopya dediğim bir dünyaya adım atıyorlardı. Ve dışarıyla ilişkilerini kesiyorlardı. Kâğıdı okuduğum zaman onların sadece votka istediklerini gördüm. Yere doğru eğildim ve dolabın kapağını açtım. Buradaki votka şişesini alıp tekrar doğruldum. Ayakkabılarımın oldukça hafif olması nedeniyle rahat hareket edebiliyordum. Uzun zaman ayakta kaldığım için bu ayakkabıları özellikle seçmiştim. Her zaman ki gibi saçlarımı düzelttim arkadan bağladığım saçlarımı kestirmeyi zaman zaman düşünsem de buna cesaret edemiyordum. İçkileri hazırladıktan sonra üzerinde barın adının yazılı olduğu bir tepsiye bardakları koydum ve her zaman ki gibi zilleri çaldım. Artık insanlar bana alışmıştı ben ne zaman zilleri çalarsam onlar siparişlerini almak için bara gelirlerdi. Orta boylu kilolu bir genç oturduğu yerden kalkarak bana doğru yaklaştı. Siyah tişörtü ve beyaz şortu olan bu genç oldukça sevimli görünüyordu. Elindeki kahverengi cüzdanından para çıkarıp bana uzattı. Oyunun kuralına göre oyunu kaybeden kızın hesabı ödemesi gerekiyordu fakat bu çocuk belli ki hesabı kıza ödetmek istemiyordu. Teşekkür ettikten sonra tepsiyi tutabilmesi için ona yardım ettim. O yerine doğru ilerlerken en uzak masada oturan bir çiftin bana doğru yaklaştığını gördüm. İkisinin de yüzü gülüyordu bu çifte bir saat önce iki kadeh şarap vermiştim ve bizzat kendim masalarına kadar götürmüştüm. İkisi de oldukça kibar olan bu çift elli yaşlarındaydılar ve yılda beş kez buraya gelirlerdi bayan her zaman için kırmızı elbise giyerdi ve kırmızı rujuyla dikkat çekerdi.

Emekli olmuş olan adam her zaman bana bahşiş bırakıp şarap için teşekkür ederdi ve ben bu çifte her zaman en kaliteli şarabı servis ederdim. Fransa'dan özel olarak getirttiğim şaraplar çok ilgi görürdü. Şarabın rengine göre özel kırmızı bardaklar yaptırmıştım beyaz şarabın bardakları üçgen şeklindeydi ve kristalden yapılmış olan bu bardaklar çok şık görünürdü ve üzerlerinde şarabın markası ve tarihçesi yazardı. Müziğin sesini biraz kıstım ve ışıkların rengini değiştirdim artık biraz daha sakin ortam oluşturmak istiyordum çünkü ütopyaya giriş saati gelmişti. Barın arkasında bardak silmeye devam ederken gördüğüm rüyayı düşünüyordum acaba o kız şimdi ne yapıyordu diye düşündüm ama onunla hiç tanışmamıştım bu kız bana geçen hafta otelde kalan bir müşteriyi anımsattı. O da Almanya'dan buraya gelmişti.

Bardan çıkıp sol tarafta da en arkada duran masayı silmek için yola koyuldum. Birkaç gündür bara gelen Fransız bayan gülerek beni selamladı. Her zamanki gibi yalnız gelmişti ve çalan müziğe eşlik ediyordu. Onun yanından geçip arka masaya yaklaştığım zaman bu masanın önemini hatırladım. Bu ahşap ve siyaha boyanmış bir masaydı sandalyeleri pembe renkte olan bu masa müşterilerin ilgisini çekiyordu. Masanın önemi ise her oturan insanın masanın üzerine dileklerini yazmasıydı bu masa adeta bir dilek ağacı olmuştu. En arkada ve loş ışığın altındaki bu masa yalnız kalmak isteyen çiftlerin masasıydı. Masayı silerken iç çektim bu barda tek başıma çalışmam, tüm temizlik ve bakım işlerini tek başıma yapmam gerektiği anlamına geliyordu. Bazen bunaltıcı olabiliyordu ama işimi seviyordum. Masadaki bardakları kaldırmaya başladığımda kapı açıldı ve ekose gömlek giyen uzun boylu, iri yapılı bir adam içeri girdi şaşkın bakışlarla etrafa bakmaya başlayan adamın yüzünde bir şaşkınlık vardı. İlk başta kapıyı kapatmayı unutan adamı kapıya yakın masada oturan adamlardan bir tanesi uyardı ve kapıyı kapatması gerektiğini hatırlattı. O duvarda asılı olan fıstık yeşili rengindeki yazıyı göstererek burası 'Utopia Angel 42' dedi. İlk şoku atlatan adam bara doğru yürümeye devam etti ve en sağdaki bar taburesine oturdu. Ara sıra adama bakarak masayı temizlemeye devam ettim. Ara sıra adama bakarak temizlemeye devam ettim merakla rafta dizilmiş şişelere bakıyordu. Bu gece onu buraya neyin getirdiğini merak etmeden duramadım. Bu geceki esrarengiz kişinin o olduğu belliydi taburenin üzerinde rahat olduğu her halinden belli olan bu adam benim gelmemi bekliyordu ve onu bekletmemek için işimi bitirip bara doğru yürümeye başladım. Onunla göz göze geldik ve sağ elimle onu selamladım. Yerime geçtiğim zaman elimdekileri bırakıp karşımda hüzünlü bir şekilde oturan bu adamla ilgilenmeye başladım. Birkaç dakika sonra nihayet konuştu. 'Bir viski alabilir miyim lütfen?' dedi Sesi derin ve sertti ama içinde bir miktar üzüntü vardı. Başımı salladım ve ona bir bardak doldurup önüne koydum. Bir yudum aldı ve memnun bir şekilde iç çekti. "Teşekkür ederim" dedi yorgun gözlerle bana bakarken. Gülümsedim ve o viskisini içerken bende işimi yapmaya devam ettim çünkü Fransız bayan gelmişti ve ona bir içki daha vermemi istiyordu. Kristal bir bardağı ona doğru uzattım bu arada içeriye giren adamı göstererek lütfen bir tane daha verir misiniz dedi gelen adam bu kadının eşiydi. Siparişlerini teslim ettikten sonra masalarına gitmek üzere yanımdan ayrıldılar ve giderken zilleri çalmayı ve ağaç dallarını sallamayı ihmal etmediler.

Karşımda oturan adamın konuşacak birine ihtiyacı varmış gibi görünüyordu, ben de onunla bir sohbet başlatmaya karar verdim. 'Uzun bir gün oldu galiba?' diyerek sessizliği bozmaya çalışarak ona seslendim. Acı bir şekilde kıkırdadı. 'Hiçbir fikrin yok. Zor bir olaydı" dedi. Anlayışlı bir şekilde başımı salladım. 'Bunun nasıl bir his olduğunu biliyorum. Bir barda çalışmak zor olabilir, özellikle de barı yöneten tek kişi sizseniz. Bir kaşını kaldırdı. 'Buranın sahibi siz misiniz?' diye sordu ve konuşmaya devam etti 'Zor bir iş olsa gerek'. Olabilir, ama bu işi seviyorum diye cevapladım bir gülümsemeyle. 'Senden ne haber? Ne yapıyorsun? Diyerek konuşmaya devam ettim bu arada arkamı dönerek raftaki şişeyi aldım bu bir kırmızı şaraptı ve bunu arkadaşımın şarap fabrikasından 4 yıl önce almıştım tezgâhtan küçük bir bardak alarak bardağın içerisine bir miktar bu şaraptan doldurdum ve zilleri çaldım.

Heyecan içinde ilk elini kaldıran genç bir adamdı ve koşarak yanıma geldi bardağı aldı ve teşekkür edip gitti. Bu ikram ettiğim şarap benim müşterilerle iletişim şeklimdi ve onlar hep birlikte alkışlamaya başladılar onlar memnuniyetlerini bu şekilde ifade ediyorlardı ve ütopya kurallarına uyacaklarına söz veriyorlardı.

Bizim kurallarımız şu şekildeydi kimse yüksek sesle konuşmayacaktı ve artık onlar gerçek dünya ile ilişkilerini kesip ütopya bara dahil olacaklardı. Karşım da oturan şişman adamın içkisi bitmişti ve ona yeni bir içki verdim. Bu arada diğer insanlar bara gelip oturup ve kalkıyorlardı ama benim dikkatim bu şişman adamın üzerindeydi. Bu şişman adam biraz rahatlamış ve ortama ayak uydurmuştu artık emindim bu geceki ilk müşterim buydu o beni gözleriyle süzdükten sonra benimle konuşmaya başladı.

Ben bir kamyon şoförüyüm. Haftalardır yollardayım, sadece molaya ihtiyacım vardı ve eşimle birlikte Malta'ya gelmeye karar verdik dedi. Adamın kolları ve yüzü güneşten kızarmıştı. O İçini çekti ve içkisinden bir yudum daha aldı. İşimiz ve genel olarak hayatımız hakkında konuşarak rahat bir sohbete daldık. Gece ilerledikçe daha fazla müşteri geldi ve onlarla ilgilenmek zorunda kaldım. Ama adam barda kaldı, içkisini bitirdi ve bir tane daha sipariş etti. O bana eşinden söz etmeye başladı onun derdini anlatacağını hissediyordum ve zilleri çaldım içeride ayakta olan insanlar benim ne demek istediğimi anlamışlardı ve yerlerine oturdular. O eşinin kendisine kızdığını ve kavga ettiklerini ve de çok üzgün olduğundan bahsederken etrafa bakıyordu. Adı Alfonso olan bu adam diyet yapması gereken hasta ve şişman bir adamdı. Alfonso tüm gün havuz başında oturup otelin restoranından gizlice aldığı sandviçlerin tadını çıkarmıştı. Tüm gün eşini yalnız bırakan bu adam yerinden kalkmadan bir sürü yemek yemişti çeşitli bahaneler üreterek eşinden tüm gün kaçmış olan bu adam en sonunda otel doktoruna gitmek zorunda kalmıştı. Aniden duyulan keskin bir çığlık doktor ofisini inletiyordu. Sevgili şişman adam arkasını döndüğünde Camilla'nın ona doğru hızla geldiğini gördü, Camilla'nın iri gövdesinden öfke yayılıyordu. Adamın eşi de iri yarı birisi olmasına rağmen gün boyu yüzüyordu ve diyet yapıyordu.

Eşi öfkeyle ona bağırıyordu "Bunun anlamı ne, Alfonso? diye sorular soruyordu Kadın öfkeden sesi titreyerek adamı azarladı.

Alfonso gergin bir şekilde kıkırdadı, "Ah, Camilia! Göründüğü gibi değil. Ben sadece..." dedi ve sustu.

Bu arada doktor işini bitirmişti ve ona kullanması gereken ilaçları vermişti doktor şaşkın bir şekilde bu karı kocaya bakıyordu ve artık onların buradan gitmesi gerektiğini sözlü olarak ifade ediyordu. Kadın dışarı çıktığı zamanda konuşmaya devam ediyordu ve kocasına ne kadar üzgün ve şaşkın olduğunu ifade etmeye çalışıyordu. Kadın adama sen otelin yemeklerinden şikâyet edip durduğunda bir şeylerin ters gittiğini anlamıştım dedi. Çünkü Alfonso sebze meyve yememek için diyet yaptığını ve hiçbir şey yemek istemediğini söylüyordu fakat yalnız başına kaldığı zaman durmadan fast food yiyordu. Alfonso bir an için konuşmasını durdurdu. Bu adamın yüzü asıktı ve rahatlamak için bir yudum içki içti sonra konuşmaya devam etmek için öksürdü heyecanlı olduğu yüzünden anlaşılan bu iri yapılı adam pişmanlık duyuyordu. Alfonso doğru sözcükleri bulmaya çabaladı sonra gözleri muzip bir ışıltıyla parladı. "Durun! Size bir sürprizim var" dedi ve çantasından güzelce bir kutu çıkardı. Kırmızı renkli dikdörtgen şeklindeki içi boş bir kutuydu Alfonso bu kutuya bir süre baktıktan sonra kutuyu açtı kutunun içeresinde eşinin en sevdiği çiçek olan kırmızı gül vardı. Alfonso bu gülü restoranın bahçesinden koparmıştı o maalesef çiçekçiye gitme zahmetinde bile bulunmamıştı. Bu adamın bütün vakti restoranda yemek yiyerek geçiyordu. Bu kadar tuhaf ve komik bir adam bu gecenin en önemli müşterisiydi çünkü ben bu barda insanlara içki servisi yapmaktan çok dert dinliyordum. İlk başta o kutunun içinden pahalı bir hediye çıkacağını düşünmüştüm ama yanılmışım. Belki de çok şey istemişim çünkü bu adam hem komik hem de düşüncesiz birisi. Onun benden bir ricası vardı eşinin odasını arayıp onu buraya davet etmemi istiyordu ama o ne yapacağını pek bilmiyordu. Normalde ben böyle bir şey yapmam ama bu iş biraz karışıktı ve ben ona yardım etmek zorunda kalmıştım. Barın içerisinde sağ tarafa yöneldim ve rafta duran telefonu elime aldım bu telefon acil durumlar için burada bulunuyordu ve bu telefon ilk defa böyle tuhaf bir iş için lazım olmuştu. Telefonu elime aldıktan sonra odasına telefon ettim. Telefonu açan kişi oldukça sakin bir ses tonuyla konuşuyordu ve ben ona kendimi tanıttım ve onu bara davet ettim. O ilk başta gelmek istemese de sonrada gelmeye ikna oldu ve biz 20 dakika sonra buluşmak için sözleştik ve telefonu kapattım. Arkamı dönmeden önce bir süre durdum ve düşünmek için zaman kazandım karşımda oturan adam benden onun bir şeyler yapmamı istiyordu. En üst rafta duran gökkuşağı renkli bardaklar gözüme çarptı bu bardakları özel günlerde kullanıyordum. İlginç renkli bu bardaklar insanların ilgisini çekiyordu. Ayaklarım acımış olsa da rafa uzanmayı başardım ve iki bardağı aldım. Karşımda oturmuş çaresizce bana bakan adam bir anda gülümsedi sen harikasın dedi ses tonu onun ne kadar mutlu olduğunu belli ediyordu. Çekmece de duran kokteyl tariflerinin olduğu mavi renkli ve ağır olan bir defteri gülümseyerek adama uzattım o heyecandan önce zillere çarptı ve sonra ayağa kalkıp içkisinden bir yudum daha içti ve tekrar zillere çarparak yerine oturdu. Zilleri çalma sırası bendeydi buradaki insanların bazısı bu zillere çan bazı insanlar ise kapı zili diyorlardı burada iletişimi bu zillerle sağlıyorduk ve her insan muhakkak bir defa bu dallara olan ilgisini belli ediyordu. Beş dakika sonra adama yaklaştım ve evet dedim acaba karar verebildiniz mi diye sordum ve çok şaşırdım. Çünkü bu adam gerçekten eşini önemsiyordu ve onu kızdırdığı için çok üzgündü. Onun bana söylemiş olduğu kokteyli yapmaya başlamadan önce ona bir masa gösterdim ve eline bir bez verdim ona gidip o masayı silmesini söyledim. Adam bir çocuk gibi heyecanlıydı ve yerinden fırladı sağ ayağı tabureye takıldı az kalsın düşüyordu diğer insanlar bir müşterinin masa sildiğini görünce onu alkışlamaya başladılar ve dönüp bana baktılar. Bu arada zillere hızlı bir şekilde vurdum ve içeride bir sessizlik oldu insanların bana baktığı anda adeta bir anons yaptım. Arkadaşlar bizim on dakikamız var ve hepiniz bana yardım etmelisiniz dedim. İçeride olan herkes bana doğru yürümeye başladı birkaç kişi dama taşlarına basarak bazıları sekerek bara doğru geldiler. Bir an durup saçlarımı düzelttim her zaman yanımda bulundurduğum parfümü alarak karşımda duran kıza verdim. Bu kız benim eski müşterimdi ve yapması gerektiğini biliyordu. Müziğin sesini açtım ve ışıkların rengini değiştirdim artık her yer ışıl ışıldı ve biraz önceki loş ışık kaybolmuştu. Elime aldığım gül yapraklarıyla bardan çıktım siyah dama taşlarına basa basa masaya kadar gitmeyi başardım ve herkes coşkuyla beni alkışladı. Masa şişman ve romantik adam tarafından silinmişti diğer kız gül yapraklarını yerlere dökmeye başladı ve kapıya kadar gitti masalardaki mumları alarak masanın etrafını mumlarla donattık ve beklenen an geldi kapı yavaşça açıldı. Hepimiz merakla ve heyecanlı bir şekilde kapıya doğru baktık beklenen kişi gelmişti. Tekrar barın içini girdim güzel ve yüksek sesle çalınan müzikler, kadının girişiyle birlikte daha da coşkulu bir hal aldı. Yerlere dökülen güllerin ve mumların etkisiyle kadını romantizm ve heyecan kapladı bunu anlamak zor değildi. İnsanlar ise bir masanın etrafında toplanmış, içkilerini yudumlarken sohbet etmeye devam ediyorlardı. Bu gece onların yardımıyla çok güzel bir atmosfer oluşturmuştuk. Kadın, barın ortasında ilerlerken herkes ona hayran bakışlarıyla bakıyordu oldukça zarif ve sevimli birisiydi. Yürürken dans etmesi ve cazibesiyle dikkat çekiyordu. Herkes yerine geçip oturmuştu ben kokteyli yapmaya başlıyordum kocasıyla göz göze gelen kadın bir süre sonra kocasına sarıldı ve o anda bütün ışıklar söndü. İnsanlar sevinçle bağırıyorlardı. Müziğin sesini kıstım ve loş renkli ışıkları açıp barın atmosferini eski haline getirdim onlar el ele tutuşarak oturdular masanın üzerinde çok sayıda mum yanıyordu. Elimdeki gökkuşağı rengindeki bardaklara kokteyli doldurmaya başladım. Onlara bir pasta ikram etmek istiyordum. Biraz önce adam menüyü okurken otelin mutfağında çalışan arkadaşımı aramıştım ve ondan çilekli bir pasta getirmesini istemiştim. Üzerinde mumlar olan pastayı taşıyan garson içeriye girdi ve bu arada herkes ellerindeki maytapları yaktı. Barın her köşesinde insanları şaşırtacak bir şeyler bulunuyordu maytap da güzelliklerden biriydi. Alkışlar eşliğinde üzeri mumlarla dolu olan çilekli gösterişli pasta masaya kondu. Artık başarmıştık bu işin sonucunu adamın tavrı belirleyecekti bu adam ya gönül alacaktı ya da pasta yiyerek eşini kızdıracaktı.

Bu sırada kar koca arasında olan tartışma da unutuldu. Barda çalan romantik müzik, yayılan loş ışık ve ortamın huzur dolu olması ikilinin arasındaki tüm gerilimi yok etti. Masadaki çilekli pasta, sadece bir tatlı değildi aynı zamanda bir barışmaya yemeğiydi. Karı koca sorunlarını unutup aralarındaki sevgiyi daha da güçlü hale getirdiler. Barda kaldıkları süre boyunca, birlikte çalıştıkları zamanlarda birbirlerine verdikleri değeri hatırladılar. Onlar bu küçük ama anlamlı anın, ikilinin ilişkisine olumlu bir etki bırakacağına inadılar. Bu arada pastayı birlikte kestiler ve birbirlerine sarıldılar ve ben yaptığım işin önemini anladım ve böyle bir bar işlettiğim için kendimle gurur duydum. Camilia'nın dudakları gülümsedi ve içten bir kahkaha attı. "Seni affediyorum. Ama artık gizli sandviç yok! Seni seviyorum şişman adam **dedi.**

2. KUMARBAZ PAOLO

Gece benim için devam ediyor barda sevdiğim güzel bir müzik çalıyor.

Masalardaki boş bardakları topluyorum düşünceliyim ama mutluyum. İçeride loş ışık var, deri koltuk olan masada oturanlar sohbet ediyorlar. Bazı masalarda insanlar oturuyor ve bazı insanlar bar tabureleri hakkında fikir alışverişi yapıyor. Üçüncü sıradaki masada yalnız oturan kadın kısık sesle şarkı söylüyor. Bir barmaid olarak, hayatımın büyük bir bölümü bardaklarla geçiyor. Masaların etrafında dolaşıyor, boş bardakları topluyorum. Bu işi yaparken, her gün farklı insanlarla tanışıyor ve onların hikayelerini dinliyorum. Ancak bazen insanların gözlerindeki yorgunluk ve içlerindeki sıkıntıyı fark ediyorum. Bu bara gelen insanlar buranın alışılmadık ortamını seviyor duvarlardaki tablolar, ağaç dallarıyla donatılmış tabureler, ziller ve de ben insanlarda farklı bir duygu oluşturuyoruz. Bu da beni iyi ve kötü yönde düşündürüyor ama yine de mutlu olmama engel olmuyor. Belki de bu bardaklar, sorunlarımdan birer kaçış yolu. Ya da sadece biraz eğlenmek ve rahatlamak için buraya geliyorum. Aslında düşünmemek en iyisi. Benim görevim, onların içtikleri her bir bardağı toplamak ve onlara hizmet etmektir. İçerisi loş ve sakin bir ışıkla aydınlanmış olan mekanımızda, bazı masalarda insanlar oturuyor. Bazıları z sohbet ederken, bazıları içkisini yudumlayıp düşüncelerine dalmış durumda.

Bazıları da gülerek ve neşeyle bir şeyleri anlatıyor olabilir. Peki ben ne kadar süre daha yalnız yaşayacağım. Bu düşünceler içinde, bardakları toplarken insanların gözlerine bakıyorum. Kimisi yorgun, kimisi mutlu. Küçük bir gülümseme, belki de dertlerime şifa oluyor Her gün, farklı insanlarla karşılaşıyorum ve onların hikayelerini dinliyorum. Bazısı patlamayla mücadele ederken, Bazısı da büyük başarılara imza atıyor. Ancak hepsi de hayat içinde bir hayatta. Ve ben, onların hayatlarına küçük bir dokunuş yapabiliyorsam, ne mutlu bana. Bazen, içerisi kalabalık olsa da benim için önemli olan insanların gözlerindeki küçük bir gülümseme veya mutluluk ifadesidir. Onlara hizmet vermek ve onların biraz olsun yüklerini hafifletmek, beni mutlu ediyor. Bu iş, benim için sadece bir meslek değil, aynı zamanda bir tutku. Farklı insanlarla tanışmak onların hikayelerini dinlemek onlara yardımcı olabilmek benim için büyük bir mutluluk kaynağı.

Yalnızlık ve üzüntü, hayatın her döneminde insanların karşılaştığı yaygın olaylardır. Bu duygularla söze başlamak bazen zor olabilir ve insanlar kendilerini yalnız hissedebilirler. Bazı insanlar arkadaşlarıyla vakit geçirmeyi tercih ederken, bazıları da yalnızlıklarını unutabilmek için bara gitmeyi seçerler. Bara içki içmek ve eğlenmek için giden insanların yanı sıra, yalnız ve mutsuz bir adamın bara gitme nedeni farklı olabilir. Bu kişinin amacı eğlenmek değil yalnızlığını unutmaktır belki de ben öyle düşünüyorum. Yalnız ve mutsuz bir adamın bara gidişi, aslında onun bedenindeki sıkıntıyı bir nebze olsun hafiflemek için yaptığı bir çaba olarak görülebilir. Barlar, içki içmenin yanı sıra insanların bir araya gelip sohbet ettiği, stres atabilecekleri ve rahat edebilecekleri mekanlardır. Bu yüzden de yalnız bir adamın bara gitmesi, onun belki de içindeki sıkıntıları unutmak ve yalnızlığını bir süreliğine de olsa unutabilmek için yaptığı bir kaçamaktır.

Elimdeki son şişeyi de bıraktıktan sonra karşımda oturan adama dönerek gülümsedim. Biraz önce gelen bu adam kapıdan içeri girdi fakat gördüklerine hiç şaşırmadı belli ki o sadece konuşabileceği birisini arıyordu. Bugün ki ikinci şanslı kişi bu adam olmalıydı. Uzun boylu zayıf otuzlu yaşlarında olan bu adam bir eliyle saçını düzeltirken bir taraftan da bana sipariş veriyordu. Onun istediği içki bardaki en pahalı ve etkili içkiydi artık adını bile bilmediğim bu adamın dertli olduğundan emindim. Zil sesi duyduğum an arkamı döndüm iki genç hesap ödemek için gelmişlerdi oğlanın yüzü gülüyordu fakat kızın uykusu gelmişti ve bir an önce dışarı çıkmak istiyordu. Onlar bana teşekkür edip buradan ayrılırken bir anda zil sesi duydum. Şanslı kişi zillerle oynuyordu ve yüzünde bir gülümseme vardı onunla göz göze geldik bana bar hakkında sorular soruyordu ve bir taraftan da bu ilginç yeri gözlemliyordu. Ona içkisini verdim ve tokalaşmak için elimi uzattım. Burası "Utopia Angel 42" dedim ve konuşmaya devam ettim. Burası isminden de anlaşıldığı gibi normal bir yer değil burası benim ütopyam umarım memnun kalırsınız diyerek ona bir tabak çerez uzattım. Üzerindeki ince mavi montunu çıkarıp dallara asan adam içkisinden bir yudum içti ve bana gülümsedi. Bu adamla konuşmaya başlamadan önce ışıkların rengini değiştirmem gerekiyordu. Yeni bir renk seçtikten sonra müziğin sesini açmak için köşeye doğru yürüdüm biraz daha hareketli bir müzik seçtim. Işıklar otomatik olarak renk değiştiriyordu ve bu birkaç kişinin hoşuna gitti ve onlar aralarında bir oyun oynamaya başladılar. Dört farklı masada oturan insanlar sıradaki ışıkların rengini tahmin etmeye çalışıyorlardı bu arada kapı açıldı. Elindeki büyük beyaz hasır çantasıyla birlikte bir bayan gelip en güzel masaya oturdu bu masanın ahşabı oldukça yeniydi Işıl ışıl parlıyordu. Yanına gitmek için harekete geçtim beni fark ettiği an çantasını açtı ve bana bir miktar bahşiş verdi. Konuşmaya başladı alkolsüz meyve kokteyli isteyen bayan heyecanlıydı ve ortamı sevmişti. Bara geri döndüğüm zaman hala ismini bilmediğim adam içkisini bitirmişti ve kalkmıştı. Etrafıma bakındığım zaman onun duvardaki tabloları incelediğini fark ettim. Tablolar onun ilgisini çekmiş olacaktı ki sırayla duvardaki tabloları inceliyordu. Bayanın kokteylini hazırladım ve onun için altıgen şeklindeki bardağı elime aldım bu bardak pembe renkte ve çok gösterişli tuhaf bir bardaktı. Burada her şey tuhaftı bunun sebebi de bendim zili çalarak bayanı yanıma çağırdım. Göz göze geldik ve bardağı aldı ben kadeh kelimesini kullanmıyordum çünkü burası bar değil ütopya zaten barda pembe bardak da olmaz ama burası ütopya.

Gelip yerine oturan meçhul kişiye yeni bir içki uzattım. O tekrar elini uzattı ve merhaba ben Paolo ve İtalya'dan tatil için buraya geldim dedi. Bunun bir İtalyan ismi olduğunu biliyordum. Bu isim bana geçen yıl buraya gelen bir adamı anımsattı. Biraz önce morali bozuk olan adam şimdi biraz daha iyi görünüyordu. Bu arada telefonu çaldı o telefonunu almak için dallarda asılı olan ceketini aldı. Bu sırada saçlarımı düzeltme fırsatı bulduğum için şanslıydım hem de parfüm sıkmak için çekmeceyi açtım. Üzerime ve havaya parfüm sıktıktan sonra bir ferahlık hissettim. Uykumun açılması için kendime soğuk bir portakal suyu aldım basit sade bir kadehi portakal suyuyla doldurdum pardon bardağı doldurdum ve içine buz attım. Soğuk bir meyve suyu bana iyi gelecekti bundan emindim. Telefonun ekranında onun ismi yazıyordu. Paolo telefonunu kapatmıştı ve önünde duran çerezlerle ilgileniyordu bu arada bana seslendi ona doğru yaklaştığım zaman konuşmak istiyorum buna ihtiyacım var dedi ve bir sessizlik oldu. Bu adamın hikayesini hem merak ediyordum hem de kötü bir hikayesi olduğunu tahmin ettiğim için konuşup konuşmamakta tereddüt ediyordum. Yanıma gelen diğer iki kişi ile ilgilendim ve onlar masalarına döndüklerinde ışığın rengini ayarlamak için kısa bir süre için yalnız kaldım bu arada gözüme takılan şişenin içinde az miktarda içki kalmıştı ve bu şişeyi alarak beni bekleyen adama verdim. Stresli olduğu her halinden belli olan ve konuşmak için beni bekleyen adam şişeyi alarak bana teşekkür etti. İçtiklerinin etkisiyle cesaretini toplamış olacaktı ki bir an ben kumarbazım dedi. O an bende şaşırmıştım hiç böyle bir şey beklemiyordum. Sağ eliyle cebinden iki adet zar çıkardı ve attı zarlar eski ve yıpranmış siyah renkli ve aşınmış görünüyordu. "Evet hanımefendi" dedi benim gibi birisini dinleme nezaketi gösterdiğiniz için size minnettarım. Bu güzel mekânda sizin insanları dinleyip onlara arkadaşlık ettiğinizi duyduğum için buraya geldim dedi. İçinde bulunduğum bu durum bana garip gelmedi çünkü bu barın var olma sebebi buydu. İçtiğim soğuk portakal suyunun etkisiyle uykum açılmıştı ve onu dinlemek için sabırsızlanıyordum. İlk defa elinde zarla gezen ve benimle konuşmak için can atan birisiyle karşılaşıyordum. Sağ tarafımda oturan iki kişi kalkıp masalara doğru yöneldiler artık baş başa kalmıştık. Paolo etrafı izliyordu o benimle konuşurken yakınında birisinin olmasını istemiyor olabilirdi ve bu yüzden etrafı kolaçan ediyordu. Her zaman ki gibi kendi tabureme oturdum bu saatlerde artık ayakta durmaktan yoruluyordum ve kendim için bir tabure ayırmıştım. Adamın karşısına oturmadan önce onun önündeki boş şişeyi alarak tezgâhın üzerine bıraktım. Sağ elimle tezgâhtan tutunuyordum uzun zamandır bardak silmekten dolayı bileğim acıyordu ve oturduğum an bacaklarımın ağırlaştığını hissettim. Adam telefonunu cebine koydu ve bana dönerek gülümsedi. Bir yolculuğa çıkan iki yabancıydık ve ikimizde hem tedirgindik hem de bu yolculuğa çıkmak istiyorduk. Bacak bacak üstüne attım ve arkama yaslandım. O zarları tekrar attı ve zarları alarak cebine koydu adamın sol elinde bir kesik izi vardı ve o ellerini birleştirdi bir süre birbirimize baktık ve şanslı kişi konuşmaya başladı.

Kumarda her şeyi kaybeden ve kalan yalnız kişinin hikayesi, dikkat çekici ve öğreten bir hikâye. Kumarbaz bir adam olarak insanın yaşayabileceği en kötü şeyi yaşamıştı ve konuşmaya devam etti. Hikâyeyi tahmin etmek zor değildi o belli ki parasını kumarda kaybetmişti ve üzgündü. Ama hikâye bu kadar değilmiş... onun hayatında çok önceleri vardı, iyi bir işi, güzel bir evi ve sevgi dolu bir ailesi vardı. Ancak kumar tutkusu onun hayatına girmiş ve her şeyi altüst etmişti. Artık ne işin ne de evi vardı, ailesiyle arası açıldı o artık kimsesiz kamıştı onun kimseye faydası yoktu ve ona yardım edecek kimsesi kalmamıştı. Tüm bu kayıplarından sonra umutsuzluğun ve yalnızlığın bölümlerine düşen kumarbaz adam Malta'ya gelmişti ve birkaç gün şehirde dolaştıktan sonra benim adımı duymuştu ve gelmişti. Onun düşüncesi ülkesine döndüğü zaman her şeyi halledip yeni bir hayata başlamaktı ve de başara bilirse ailesini bir araya getirebilmekti. Kumar dünyasının cazibesi, insanların kolay yoldan zengin olma hayalleri onları cezbetmekte ve bu durumda birçok insanın hayatını alt üst etmektedir.

Paolo küçük yaşlarda babasının çiftliğinde çalışmaya başladığını anlatırken onun gözleri doldu. O babasının çiftliğinde vakit geçirmeyi seviyordu atları seven bu çocuk akşama kadar çalışıyordu ve akşamları ise poker oynayan babasını ve arkadaşlarını seyrediyordu. Paolo, çocukluğundan beri kumar oynamaya ilgi duymuştu. Babası poker ve Black Jack gibi oyunlar oynayabiliyordu ve kendisi gibi çiftçi olan arkadaşlarıyla gece boyu kumar oynuyordu. Paulo, bu oyunlara olan yeteneklerini fark etti ve hayatı boyunca sürekli olarak kumar oynamayı bir tutku haline getirdi. Genç yaştan itibaren kumar oynamak için zaman ayırmaya başladı. Babasının arkadaşları ile arası iyi olduğu için onlardan poker oynamayı öğrenmişti. Yıllar boyunca yaşadıkları bu hayat ona büyük bir heyecan ve keyif veriyordu. Yaşı büyüdükçe kumara karşı ilgisi arttı. Paolo artık büyümüştü ve bir yetişkin olmuştu. Çiftlikten ayrılırken babasının çekmesinden aldığı zarlarla birlikte yola koyuldu. İtalya'da birçok yerde kumar oynandıktan sonra sonunda ünlü bir kumarhaneye gitti içeri girdiği zaman içinde bir heyecan ve özgüven vardı. Babasını çiftlikte birlikte yaşadığı ve ailesi olarak gördüğü çalışanları düşünüyordu onun hedefi bu kumarhaneden bir servet kazanmaktı ve sevdiği insanları refah içinde yaşatmaktı. İtalya'nın en büyük kumarhanelerinden biri olarak bilinen bu yerde kumar oynamak oldukça pahalıydı ancak onun için burada kumar oynamak bir prestij meselesiydi.

Bu arada kapı açıldı ve yaşlı bir karı koca içeriye girdi. Bayan oldukça mutlu görünen kısa boylu kıvırcık beyaz saçlı birisiydi. Boynunda inci bir kolyesi olan bu bayan etrafı incelerken adam kapıyı kapatmakla meşguldü. Kısa boylu, gözlüklü, kel olan bu adam ortadaki iki kişilik masayı işaret etti ve onlar o masaya oturmaya karar verdiler. Bana doğru yaklaşan adam bana el sallayarak neşeli bir şekilde bana yaklaşıyordu. Bir süre konuştuktan sonra siparişlerini aldım ve hazırlığa başladım. Başımı çevirip Paolo'ya baktım yine elinde zarlar vardı üzgün bir şekilde zarlara bakıyordu. Elime aldığım iki tane siyah renkli bardağa içkileri doldurup bekleyen adama uzattım ve zillere vurdum. Adam teşekkür edip giderken benim kumarbaz adam bir tane daha içki istedi bu sefer onun için sert bir içki hazırladım. Bacaklarım oturmaktan uyuşmuştu ayakta durmak benim için daha iyi olacaktı tekrar yerime geçtiğim zaman tabureyi kenara koydum ve tezgâha yaslandım. İçeride bir sessizlik vardı artık saat geç olduğu için insanlar fazla yüksek sesle konuşmuyor ve gülmüyorlardı herkes sohbet ediyordu. Paolo elindeki fıstığı havaya attı ama tutamadı onun bu hareketi beni güldürdü. Bir süre sonra tekrardan ciddi bir ortam oluşmaya başladı saçlarımla oynamayı bıraktım ve dinlemeye başladım.

Kumarhanenin Işıl ışıl renkli dünyası ve konforlu ortamı Paolo'yu cezbediyordu. O yıllardır beklediği ana kavuşmanın hayali ile birçok farklı yerde kumar oynamış kendini geliştirmişti o artık büyük oyun için hazırdı. Paolo büyük paralar kazanmaya ve kaybetmeye başladı. Ancak onun kaybı bir sonraki oyunu kazanmak için daha büyük bir motivasyon kaynağı oldu. Kısa sürede Paolo Casino'nun en çok kazanan kumarbazlarından biri haline geldi. Onun adı, kumarhane dünyasında hızla ilerliyor ve birçok kişi onunla poker oynamak için sıraya giriyordu. O zaman içerisinde kazandığı büyük paraların büyüsüne kapılmıştı artık kumar oynamak onun için bir tutku haline gelmişti. Büyük paralar kazanmak için her gün Casino'ya gider ve uzun saatler boyunca oynardı. Bu durum, onun sağlığına ve ailesiyle olan ilişkisine olumsuz etki etmeye başladı. İtalya'nın en ünlü Casinolarında oyunlar oynamış kendisine zengin arkadaşlar edinmişti. O artık çiftliğe gitmiyordu zamanla oradaki dostlarını aramayı aklına bile getirmez olmuştu. Bir süre sonra işler değişmeye başladı içki içmeye başlayan Paolo değişmeye ve tembelleşmeye başlamıştı. Kumar oynarken dikkatini toplayamaz hale geldi buna neden özgüven duygusu ve de kazandığı çok para artık onun için kötü bir durum oluşturmaya başlamıştı. Casino'da kazandığı paraların büyük bir kısmını geri kaybetmeye başladı. Paolo, kaybettiği büyük paralar nedeniyle zor duruma düştü. Kumar oynamaya devam etmek için paraya ihtiyacı vardı işte bu anda çiftlikteki dostlarını hatırladı uzun zamandır aramadığı dostlarının yanına gidip borç para isteyebilirdi. Bu fikir o an için oldukça güzel bir fikir gibi gözükse de aslında sonun başlangıcıydı. Cebindeki son parayla şansını denemeye karar verdi. Küçük miktarlı paralarla kumar oynanan bir masaya oturdu onun şansı yaver gitmişti kazandığı paralarla masadan kalkarken yorgunluktan ve aşırı içkinin etkisiyle yere yığıldı. Gözlerini açtığı zaman Hastanede bir yatakta yatıyordu bir anda elinde bir acı hissetti. Elinde bir kesik oluşmuştu ama bunun neden ve nasıl olduğunu hatırlamıyordu. Birkaç gün sonra hastaneden taburcu olup çiftliğe gitti fakat o yer artık eski yer değildi. Yakın bir zaman önce yangın çıkmıştı ve kocaman olan çiftlikten geriye sadece bir adet ev kalmıştı. Koşarak içeriye gitti babasını görmeye çalışıyordu ama babası çıkan yangın sonucu hayatını kaybetmişti dostlarından bir tanesi hayatta kalmıştı bu adam Paolo'yu çok aramıştı ama o hiçbir zaman telefonlara cevap vermemişti. Artık iki kişi kalmışlardı onların bir çiftliği yoktu babası yoktu. O son oyundan kazandığı parayı tekrar kumarda harcamak yerine dünyadaki tek arkadaşına verdi aylar boyunca uğraştıktan sonra yeniden bir çiftlik inşa ettiler ve hayvancılık işine girdiler. Paolo kazandığı servetten çok kaybettiği dostları için üzülüyordu. Yaşlı sıska olan bu adam onun son dostu ve ailesiydi ve artık o çiftlikten gidip o yaşlı adamı tek başına bırakamazdı burada kalarak işlere yardımcı olacaktı ve kumardan kurtulmaya karar verdi. Çiftlik için yeni çalışanlar işe aldılar işleri yoluna koydular artık yeni bir ailesi olmuştu. Sadece akşamları eğlence için kumar oynuyorlardı. Ailesinin desteği ve terapi sayesinde Paolo, kumar alışkanlığından kurtuldu ve sağlığına yeniden yön vermeyi başardı. Bugün Paolo hala kumar oynamaktan vazgeçmese de artık bunu bir tutku olarak değil, sadece eğlence amaçlı yapıyor. Casino'da kumar oynamak onun için sadece bir anı olarak hafızasında kaldı. Şu anda Malta'da bulunan Paolo buraya sadece tatil için gelmemişti ticaret yapmak için gelmişti ve çiftlikte çalışan birçok kişinin saygısını kazanmayı başarmıştı. Benim yanıma gelmeden önce eski bir tanıdığıyla karşılaşan Paolo eski günleri hatırladığı için hüzünlenmişti ve içini dökmek için gelip beni bulmuştu ne mutlu ki onun hikayesi mutlu sonla bitmişti.

3. BUGÜN Kİ ŞANSLI KİŞİ ASHLEY YANİ BEN

Bir kadın barmaidin hikayesi, uzun yıllar devam eden bir sır gibi saklanan hikayesi. O kadın, yorgun bir şekilde bara gelir, hazırlıklara başlar ve işin başında geçer. Belki de hiç kimse fark etmiyor fakat o bu barı seviyordur. Peki, bu yorgun barmaid kadının hikayesi nedir?

Her gün aynı rutinle hayatım başlar. Kimi zaman keyifli, kimi zaman zorlu geçen gecelere rağmen hiç şikâyet etmem. Çünkü benim için bu bar, sadece bir iş yerinden fazlasıdır. Buradaki evim, ailem ve en önemlisi de hayatımdır. Barmaid olduğum ilk günden beri bu bara büyük bir sevgiyle bağlandım. Henüz genç bir kızken, hayatla mücadelem başladı. Ailemle yaşadığım sorunlar, maddi sıkıntılar ve kalbi kıran acı bir aşk beni yıkmıştı.

Zamanla, bu acılar aklıma gelmeyi bıraktı ve ömrüme yeni bir sayfa açtım. Yeni bir başlangıç yapmak için bu barın kapısından içeri girdim ve kendime bir ütopya kurdum hepsi bu. İlk başlarda işimde pek başarılı değildim. Yorgun ve kırılgan bir ruh halinde, yıldızlar arasında kaybolmuştum. Ancak bir süre sonra müşteriler neşeli olmasam da sıcak kanlı halimden ve yeteneklerimden etkilendiler. Kimi zaman sıkıntılarını dinler, kimi zaman güldürür ve kimi zaman da onlara içecekler hazırlarım. Bu insanların sıcaklığına sığındım ve burada kendime bir aile buldum. Yorgun barmaid kadın, işinde başarılı olmaya başladı. Her gece, seçtiğim ürünler arasından birbirinden lezzetli kokteyller hazırlarım ve geceler boyunca masaları dolaşırım. Burası benim için sadece bir iş yeri değil, aynı zamanda kendimi kanıtladığım bir yerdi. Ne kadar yorgun olsam da hiçbir zaman pes etmedim. Gecenin ilerleyen saatinde bile, yorgunluktan bitkin düşsem bile asla pes etmedim. Çünkü ben burada sevdiğim insanların yanındaydım. Hayatımın en zorlu zamanlarını atlatabilmiştim çünkü burada mutluydum. Her gece, yorgunluktan bitkin bir şekilde işin başına geçer, hazırlıklara başlar ve uzun vadede insanların

Keyifli bir gece geçirmelerini sağlarım. Yorgunum çünkü tek başıma çalışıyorum bu benim kendi seçimim. Kimi zaman müşteriler benimle sohbet eder, kimi zaman da bir bardak içki eşliğinde sessiz sakin otururlar. Onlar farkında olmadan, bu yorgun barmaid kadının hayatına katkıda bulunurlar. Gecenin sonunda, evlerine dönenlerin sayısı artar ve ben yorgun ve mutlu bir şekilde bu bardan çıkarım. Ancak yine de vücutta bir gülümseme vardır ve yorgunluğumu atmak için onlarca adım atar şehirde dolaşırım. Her gece insanlar dünyadan olan bu bara gelirler ve benimle birlikte ütopyaya yolculuk ederler. Birçok insan bu barı ve bu yolculuğu seviyor. Bu yorgun barmaid kadın, en güzel günlerini bu barın içinde yaşadı. Her gece güzel huzurlu ve dünyadan uzak bir gece geçirmeyi başardım ve insanların hayatına dokundum. Ne kadar yorulursam yorulayım bir sonraki gün için yeniden enerjimi topladım. Bu bar ve insanlar benim bir parçam olmayı ve ailem olmayı başardı. İşte bu yüzden o yorgun barmaid kadın burayı seviyor.

Yalnızlık ve aşk acısı, kadınların sık sık karşılaştığı zorlu olaylardır. Bir dönemde bu duygularla yüzleşmiş ve belki de uzun bir süre bu acılarla mücadele etmiştim. Benim gibi kişilerin en çok üzüldüğü zamanlardan biri ise, yalnızlık ve aşk acısını bir arada yaşadıkları dönemlerdir. Bu hikâyede, yalnız ve aşk acısı olan bir kadının hikayesine tanık olup ve benim umudumdan ilham alan müşterilerim oldu. Ailemle yaşadığım sorunlar nedeniyle evden ayrılmıştım ve yalnız bir hayat sürmeye başlamıştım. Bu zorlu dönemdeki aşk hayatım da oldukça karmaşıktı. İlişkilerde hep hayal kırıklığı yaşanmıştı ve sonuç olarak yalnızlığa teslim olmuştum.

Ashley, yalnızlık ve aşk acısıyla mücadele ederken bir yandan da hayatını sürdürmeye devam ediyordu. İş hayatında başarılı bir kadın olmuştum, maddi açıdan hiçbir sıkıntı yaşamıyordum. Ancak içimdeki boşluk hiçbir zaman dolmadı. Yalnızlığın getirdiği hüzün ve aşk acısı ruhumda derin yaralar açmıştı. Bir gün Ashley iş yerinde bir adamla karşılaştı. Adı George'du ve Ashley'nin dönüm noktasıydı. İkisi de yalnızdı ve hayatla mücadele ediyorlardı. Birbirlerinin yalnızlıklarına ortak oldular ve kısa sürede birbirlerine bağlandılar. Ashley, George ile yalnızlık ve aşk acısından

Kurtulmuştu. İkisinin birbirine ihtiyacı vardı ve mutlu bir hayat sürüyorlardı. Ancak mutlu bir sona sahip olmak hiç de kolay değildi. Yıllar içinde yaşadığım yalnızlık benim hayatımda iz bırakmıştı. Geçmişte yaşadığım hayal kırıklıkları, benim içimde bir güvensizlik ve korku oluşturmuştu. George ise, benim bu korkularımı anlamaya çalışıyor ve bana destek olmaya çalışıyordu. Bir süre sonra geçmişimle yüzleşmem gerektiğini fark ettim. Korkularımı ve yalnızlıkla dolu geçmişimi kabul etmem gerekiyordu. George'un yardımıyla yalnızlıkla ve aşk acısıyla yüzleştim ve onları geride bırakmayı başardım. Ashley ve George'un hikayesi, yalnız ve aşk acısı olan kadınların içindeki gücü keşfetmelerine ve hayatlarını değiştirmelerine ilham oldu. İkisi de birbirini destekliyor ve hayatlarına yeniden anlam katıyorlardı. Ashley'nin öyküsü, yalnız ve aşk acısı olan kadınların içlerindeki gücü ve potansiyeli ortaya çıkarmalarına bir örnekti. Bu hikâye kötü bir olayla sona erdi.

Yolculuk sırasında dışarıdan gelen büyük bir gürültü ile birlikte araba, kontrolden çıkıp bir ağaca çarptı. George, kazanın ardından hayatını kaybetti. Ashley ise yaralı olarak hastaneye kaldırıldı. Ancak George'u kaybettiği için yaşadığı acı ve üzüntü, fiziksel yaralarından daha ağır basıyordu. Hayatlarına dair birlikte kurdukları tüm hayaller, bir anda bir trafik kazasının kurbanı olmuştu. Ashley ve George'un hayatlarının karartılmasında baş kahraman şüphesiz ki 'dikkatsiz sürücüydü. Ashley, George'un ölümüyle birlikte birçok sıkıntıyla karşı karşıya kaldı. Olayın şokunu yaşarken, aynı zamanda iş yerindeki sorumluluklarını da yerine getirmek durumundaydı. Bu da onun için oldukça zorlu bir süreçti. Ashley, iş yerindeki işleri bir kenara bırakmış olsa da George'un hayallerini devam ettirmeyi sürdürdü. İş arkadaşları ile birlikte Ashley, George'un adını taşıyan bir vakıf kurdu.

Ayrıca Ashley'nin en büyük destekçisi iş yerindeki arkadaşlarıydı. İş arkadaşları her zaman onun yanında yer alıyorlar ve onun en zor zamanlarında ona destek oluyorlardı onlar vakıftaki işlerin aksamamasını sağlıyorlardı. Sonuç olarak, olup biten bir trafik kazası sonrasında ortaya çıkan olaylar, aslında hayattaki önemli derslerle dolu bir hikâyeye dönüşebiliyordu. Zaman içerisinde ben kendimi topladım ve İngiltere'den ayrılıp seyahat etmeye başladım ama onu unutmadım ve yalnızlığı seçtim. Geçmişte yaşadıklarımı kendime anlatırken bütün masaları silmiştim ve yerleri temizlemiştim. Her zamanki gibi kapıyı kapattım ve bara gitti müziğin sesini açtım. Bugün kimseden sipariş almamaya karar verdim bugün her gelen müşteriye George'un sevdiği içkiyi verecektim.

4. GEZGİN

Yine insanlar gelmeye başlamışlardı ilk önce bir çift ve sonra beş kişilik bir arkadaş grubu gelmişti. Grup bana doğru yaklaşıyordu onlardan birisi yüksek sesle bir şeyler anlatıyordu ve grubun geri kalanı gülüyordu. Bir erkek ve dört kızdan oluşan grup bana doğru yaklaşırken parfüm kokusunu hissettim. Bu parfüm benimki ile aynıydı ve bugün parfüm sıkmayı unuttuğumu fark ettim eğilip en alt çekmecedeki yarısı boş olan parfüm şişesini aldım ve tamamını üstüme ve bara sıktım artık hazırdım. Gruptaki kıvırcık saçlı mavi gözlü kız konuşmaya başladığı zaman onun arkadaşları susup onu dinlediler. Kız bana istediği içkinin ismini söylüyordu bu arada diğer iki kız ağaç dallarıyla oynarken diğer bir kişi ise şarkıya eşlik ediyordu. Biraz sonra kızın sözünü kestim bugünün benim için özel bir gün olduğunu ve sadece tek çeşit içki verebileceğimi söyledim. Onların bana ters bir tepki göstermelerini bekliyordum çünkü haklılardı ama onlardan bazıları önceden buraya geldikleri için beni anlayışla karşıladılar. Bir metre boyundaki bardakları raftan özenle aldım bu bardakların kenarında iki adet musluk vardı ve insanlar bu bardaktan iki farklı içecek içebiliyorlardı. Bardağın alt kısmına votka doldurdum ve üst kısma bizim eskiden sevdiğimiz şarabı doldurdum. Evet bu gece ütopyada şarap gecesiydi. Onlar teşekkür edip masaya doğru yürümeye başladılar. Bu arada isminin Betty olduğunu öğrendiğim yalnız bir kız daha içeri girdi onunla dün gece tanışmıştık. Ama kumarbaz ile meşgul olduğum için Betty ile sohbet etme şansım olmadı. Elinde iki tane kâğıt vardı ve o kağıtları dallara taktı belli ki o dilek tutmuştu. Dalların aydınlatması genelde beyaz renkliydi ama bu gece onu bile değiştirmiştim. Bugün barın rengi kırmızıydı. Zilleri çalan kız zil mi çan mı buna karar verememişti ve her zaman olduğu gibi zil yanıtını verdim. Zaten ütopyada kadeh yoktu bardak vardı çan olmasa pek bir şey fark etmezdi. İçeriye giren üç kişi neşe dolu genç insanlardı dama taşlarının siyah renkli olanlara basarak masaya kadar gitmek için birbirleriyle yarışıyorlardı. Bu arada zilleri çaldım insanlar coşkuyla alkışladılar bu benim için güzel bir şeydi çünkü herkes halinden memnundu ve barda tek çeşit içki olmasından şikayetçi değillerdi. Tezgâhın üzerine çok miktarda bardak koydum bardakları doldururken kızlardan bir tanesi geldi ve bana bir şarkı ismi söyledi. Onu üzmek istemedim ve istediğini yerine getirdim müziğin sesini yükselttim. Sol taraftaki bölümün masalarını kontrol ettim. Her şey hazırdı bugün bir değişiklik yapıp duvardaki tabloların üzerindeki ışıkları da açtım içerisi aydınlıktı fakat loş bir ışık her zaman vardı. Elimdeki bezle her zamanki gibi bardakları siliyordum kapı açılıyor ve insanlar geliyorlardı. En son içeriye giren kişi kapıyı kapatmayı unutmuştu. Zilleri çaldım ve biz hep birlikte lütfen kapıyı kapat burası Utopia Angel 42 diye bağırdık. Herkes alkışlıyordu bugün barda eğlenceli ve genç insanlar vardı onlar eğlenmek için gelmişti ve şimdilik şanslı kişi burada değildi.

Yanıma gelip giden neşeli insanlar bana günlerinin nasıl geçtiğini anlatıyorlardı. Onlar içeceklerini alıp masalarına dönerken bende sipariş listesi hazırlıyordum. Belirli periyotlarda sipariş listesi hazırlardım ve dünya genelindeki barlarda bulunan kokteylleri not ederdim. Burada insanlar dünyanın farklı yerlerinde bulunan içecekleri test etme şansına sahiptiler. Bugün giydiğim elbise uzun mavi renkli çiçek desenleri olan bir elbiseydi ve her zaman ki gibi rahat bir spor ayakkabı giymiştim. Saçlarımı toplamak istemesem de bu iyi bir fikir değildi. Otel çalışanı olan yeşil gözlü kız kapıdan içeri girdi o şarkı söyleyerek bana doğru yaklaşıyordu yanıma geldiği zaman anlamıştım ki o hem benimle sohbet etmek için gelmişti hem de hesap ödemek için gelmişti. Geçen hafta kocası ile evlilik yıl dönümünü kutlamışlardı onlar sabaha kadar eğlendiler otelin mutfağında çalışan bu kız yetenekli bir aşçı ve iyi bir insandı. Ona bir bardak likör ikram ettim ve o bar taburesine oturup içkisini içmeye başladı. Nihayet liste hazırdı ve telefonumdan mail gönderip ihtiyacım olan malzemelerin siparişini verecektim. Müziğin sesini biraz kıstım ve tabloların üzerindeki beyaz renkli ışıkları söndürüp kırmızı ışıkları yaktım barın içi komple kırmızı ışıklar ile aydınlanıyordu. Barmaid olarak çalışmaya başlamadan önce, bu işin ne kadar zor olduğunu düşünürdüm. Bu işin sırrı sadece elektronik defter ve servis yapmak değil, aynı zamanda insanlarla iletişim kurabilmek ve onları mutlu etmektir. Bir gün yine çalışmaya başlamadan önce, barın içinde hazırlıklarımı yaparken bir müşteri geldi. Adı Mike'tı. Mike, her gün aynı anda olmaya başladı ve benimle sohbet etmeye başladı. Önce sadece selamlaştık, sonra sohbetimiz derinleşti. Onun hikayesi beni çok etkiliyor. Bunun birçok hikâyeyi dinledim. Barda içki servisi yaparken en önemli noktalardan biri de müşteri memnuniyetidir. Bir barda çalışanın en büyük hedeflerinden biri, müşterilerin memnun olmasıdır. Bir barda içki servisi yapmadan önce, içki çeşitlerini ve içeceklerin hazırlanışının iyi bilinmesi gerekir. Alkollü ve alkolsüz içeceklerin yanı sıra, kokteyller, shotlar ve diğer özel içeceklerin nasıl hazırlandığının bilinmesi, bir bar personelinin en temel görevlerinden biridir. Bu nedenle, barda çalışan kişilerin mutlaka içeceklerin hazırlanmasını iyi bilmeleri gerekir. Yıllar boyunca emek harcadım ve yaptığım iyi en iyi şekilde yapan birisi haline geldim. Bu gece barda, genç ve yakışıklı bir adamla göz göze geldim. Onun için dikkat çekici bir şekilde hazırlanmış bir kokteyl hazırladım ve ona servis yaptım. O hazırladığım kokteyle hayran kaldı. Onu ilk defa görmüştüm belli ki o tatil yapmak için buraya gelmişti. Bazı insanlar sohbet ediyorlardı bazıları müzik dinleyip şarkı söylüyorlardı bugün ortam çok güzeldi.

Bir süre sonra kapının büyük bir gıcırtı ile açılması bardaki herkesin dikkatini çekti. Uzun boylu, iri yapılı bir adam içeri girdi; onun varlığı barı güç ve otorite duygusuyla dolduruyordu. Bara doğru ilerlemeden önce etrafa hızlıca bir göz attı, keskin gözleri çevredeki her ayrıntıyı inceliyordu.

Taburelerden birine oturduğunda etrafındaki hava, sanki onun gelişini kabul edermiş gibi değişiyordu. Geniş omuzları ve kaslı yapısı, fiziksel gücünün açık bir yansımasıydı. Büyük, nasırlı elleri tezgâhın üzerinde duruyor ve yaşamış olduğu zorlu ve engebeli hayatı bizlere anlatıyordu. Onun korkutucu görüntüsünü fark ederek ona dikkatle yaklaştım. Bir viski sipariş etti, güçlü sesi barda yankılanıyordu. Sanki adamın heybetli vücudundan korkuyormuşçasına hızla ona bir bardak doldurdum. Bardaki diğer müşteriler yeni gelen adama dikkatlice bakıyorlardı; yüz ifadelerinde ki merak ve hayranlık açıkça görülüyordu. Bazıları bu esrarengiz adamın kim olabileceğini anlamaya çalışırken birbirleriyle fısıldaşıyorlardı. Bazıları ise dikkatleri üzerlerine çekmek istemedikleri için gözlerini başka yöne çevirmeyi tercih ediyorlardı. Ortamı toparlamak için zili çaldım ve herkes kendine geldi.

Ancak adam gördüğü ilgiden etkilenmemiş görünüyordu. İçkisinden bir yudum alıyor, gözleri önünden hiç ayrılmıyordu. Sanki sürekli tetikte, yoluna çıkabilecek herhangi bir potansiyel tehlikeye karşı her zaman hazırmış gibiydi. Bu adamın arkasındaki hikâyeyi merak etmeden duramadım. Neler yaşadı? Hangi deneyimler onu bugünkü haline getirdi? Bu sorular müşterilerin aklımda yer etti ama kimse sormaya cesaret edemezdi. Gece ilerledikçe adam barda kaldı, yavaş yavaş içkisini yudumladı ve diğer müşterilerin arasındaki etkileşimleri gözlemledi. Onun varlığını görmezden gelmek imkansızdı. Neredeyse çevresinde olup biten her şeyi algılayan sessiz bir gözlemci gibiydi. İçkisini bitirip ayrılmak için ayağa kalktı. Bu sırada onun için bir içki hazırlıyordum ben her zaman insanlara bir şeyler ikram eder ve onların aldıkları hizmetten memnun kalmaları için uğraşırdım. Gözlerine bakmaya cesaret ettim ve lütfen oturun bu içkiyi sizin için hazırladım beni kırmayın dedim. O teşekkür ederek tekrar yerine oturdu bu sefer bu büyük iri adam zillerle oynamaya başladı belli ki ziller hoşuna gitmişti. Bu arada ışıkların rengini değiştirdim ve müziğin sesini kıstım. Ben şu an fark etmiştim ki sözümü tutamadım ve insanların siparişine göre servis yaptım. Bu işime olan bağlılığımın bir göstergesiydi. Loş ışıkları açmıştım ayakta duran insanlar yerlerine oturmayı başlamışlardı bugün ilk defa açık olan kapıyı kapattık artık zilleri çalma vakti gelmişti şu andan itibaren dünyadan ayrılıp ütopyaya doğru yolculuğa başlıyorduk. Yüzüne baktığım zaman anladım ki o şaşırmıştı belli ki o ilk defa böyle tuhaf bir yer görmüştü. O arkasına yaslandı elindeki kibrit kutusuyla oynuyordu onun gözleri gülmeye başlamıştı onun halini tahmin edebiliyordum o ilk geldiği zaman problemi olan ve kendi kendine konuşan bir adamdı şimdi ise o rahatlamış ve keyifliydi. Zaman içerisinde yeni insanlar gelip gitmeye başladı sağ tarafımdaki koltukta oturan genç insanlar iskambil oynuyorlardı. Bir çift birbirlerine sarılmış konuşuyorlardı. Ayakta duran dört kişilik grup yavaş bir şekilde dans ediyorlardı. Bir süre sonra karşımda oturan adama odaklandım elindeki kibrit kutusunu cebine koydu ve bana gülümsedi o bana elini uzattı ve tokalaştık onun ismi John. Bu adam içkinin etkisiyle rahatlamıştı ve konuşkan bir insan olmuştu o cep telefonunu eline aldı ve bana fotoğraflarını gösterdi

John birçok fotoğrafa sahipti belli ki dünyanın birçok yerini gezmişti. Onun birde lakabı vardı lakabı gezgin adam. Bir süre sonra ona bir içki daha verdim zamanla sohbet etmeye başladık ve beklenen an gelmişti o da bana dertlerini anlatmaya başlıyordu ama bu sefer ben merak ediyordum. Sizinle bir şey paylaşabilir miyim diyen bu adam bugün ki şanslı kişiydi.

John her zaman basit bir hayat yaşamıştı. Ailesini geçindirmek için çok çalışıyordu ama lisedeki sevgilisi Sarah ile olan evliliği yıllar içinde yavaş yavaş kötüleşmeye başlamıştı. Üçüncü çocukları doğduğunda Sarah boşanmak istediğini açıkladı. John yıkılmıştı ama çocuklar için en iyisini yapması gerektiğini biliyordu. Boşanmanın ardından çocukların tam velayeti John'a verildi. Küçük bir apartman dairesine taşındı ve geçimini sağlamak için inşaat işçisi olarak çok çalıştı. Flört etmeye ya da sosyalleşmeye vakti yoktu, hatta bir telefonu bile yoktu. Tek odak noktası çocuklarına bakmak ve olabileceği en iyi baba olmaktı. Yıllar geçti ve John'un çocukları büyüdü. En büyük kızı Emıly taşınmış ve tek başına yaşıyordu. Oğlu Jake'in başı kanunla belaya girmişti ve hapiste yatıyordu. John'un en küçük kızı Lily hâlâ onunla yaşıyordu ama dünyadaki yerini bulmakta zorlanıyordu. Jolın bir gün uyandı ve bir balonun içinde yaşadığını fark etti. Yıllardır iş dışında kimseyi ve çocuklarını görmemiş ve onlarla konuşmamıştı. Saati olmadığı için saatin kaç olduğunu bile bilmiyordu. Bir değişikliğe ihtiyacı olduğunu biliyordu, bu yüzden giyindi, hazırlandı ve eski eşinin evine doğru yola çıktı. Bu an onun sözünü kesip nereli olduğunu sordum o Amerikalıydı. John'un amacı ailesini geri kazanmaya çalışmaktı. Sarah'yı hâlâ seviyordu ve çocuklarını çok özlüyordu. Ancak evine vardığında Sarah'nın başka bir adamla ilişkisi olduğunu keşfetti. John'un kalbi sıkıştı ve ailesiyle barışma şansını kaybettiğini fark etti.

Kendini kaybolmuş ve yalnız hisseden John, ülkeyi terk etmeye ve gezgin olarak yeni bir hayata başlamaya karar verdi. Sonraki 30 yılını dünyayı dolaşarak, yeni kültürleri keşfederek ve yeni insanlarla tanışarak geçirdi. Göçebe olmanın huzurunu buldu ve hiçbir zaman bir yerde çok uzun süre kalmadı. O bana bunları anlatırken rahatlıyordu ve yüzünde bir tebessüm vardı bense elimdeki şişeyle oynuyordum ve merakla onu dinliyordum. Ama içten içe John hâlâ ailesini özlüyordu. Çocuklarının yanında olamamanın ve evliliği için daha fazla mücadele edememenin pişmanlığını yaşadı. Eşinin kanserden öldüğü haberini alınca artık eve dönme zamanının geldiğine karar verdi. Döndüğünde John, kızı Lily'nin fahişe olarak çalıştığını ve oğlu Jake'in hapishanede öldüğünü öğrenince yıkıldı. Bir baba olarak başarısız olduğunu hissetti ve çocuklarını bu kadar zor durumda görmek yüreğini acıttı. İşleri düzeltmeye kararlı olan John, öncelikle Lily'yi yaşadığı tehlikeli ve aşağılayıcı hayattan kurtarmaya odaklandı. Onu genelevden çıkarmayı başardı ve ilişkilerini yeniden kurmaya başladılar. John geçmişi değiştiremeyeceğini biliyordu ama kızının daha iyi bir geleceğe sahip olmasını sağlayabilirdi. O kızını yanından ayırmak istemiyordu geçmişte yaptığı hataları unutmak ve unutturmak istiyordu. Birlikte seyahat ederken John ve Lily her zamankinden daha da yakınlaştılar. Birlikte hikayeler paylaştılar, güldüler ve birlikte ağladılar. Dünyanın farklı yerlerini gördüler eğlendiler onlar yeniden bir aile olmayı başardılar. Ancak oğlunun hapishanede öldüğü haberini alan John'un mutluluğu kısa sürdü. Yıkılmıştı ama umutsuzluğa kapılmak yerine acısını başkalarına yardım etmeye kanalize etti. O ve Lily yerel hapishanelerde gönüllü olarak çalıştılar ve zor durumdaki mahkûmlara destek ve rehberlik sağladılar. Ülkenin hatta bazen dünyanın bazı bölgelerinde bulunan hapishanelerde insanlara yardımcı oldular. Seyahat etmeye devam ederken John ve Lily birçok insanın hayatına dokundular, gittikleri her yere nezaket ve sevgi yaydılar. Ve John'un ailesi parçalanmış olmasına rağmen, yolculuğunda tanıştığı insanlardan yeni bir aile oluşturmuştu. Sonunda John, hayatının umduğu gibi gitmemiş olabileceğini ama yine de yaşamaya değer bir hayat olduğunu fark etti. Geçmişi bırakıp bugünü kucaklamayı öğrenmişti ve bunu yaparken daha önce hiç tatmadığı bir tatmin duygusunu yaşamıştı. Sohbet sırasında o hiç oğlundan bahsetmemişti onun oğlu öldüğü için o acı çekiyordu ve onun ölüm sebebini anlatmak istememişti.

Zaman ilerliyor ve işimin bitmesine sadece birkaç dakika kaldı. Saate baktım ve barı toplayıp kapatma zamanının neredeyse geldiğini fark ettim. Masaları silip sandalyeleri düzeltirken burada geçirdiğim zamanın anıları aklıma geliyordu. Gergin olduğum ve barmenlik becerilerimden emin olmadığım işteki ilk günümü hatırlıyorum. Zamanla kokteyl yapmak ve insanları eğlendirme konularında uzman oldum. Bu bar benim evim oldu ve buradaki insanlar da ailem oldu. Boş sandalyelere ve masalara bakıyorum ve burada gerçekleşen sayısız sohbeti, kahkahayı ve kutlamayı hatırlıyorum. Doğum günü partilerinden bekarlığa veda gecelerine kadar her şeye bu bar tanık oldu. Hem iyi hem de kötü günlerin tanığı olmuştur ama birçokları için her zaman teselli yeri olmuştur.

Masaları temizlemeyi bitirip raflardaki şişeleri düzenlemeye başladığımda, elimde olmadan bir üzüntü hissediyorum. Sadece bir günlüğüne bile olsa burayı terk etme düşüncesi gözlerimin dolmasına neden oluyor. Bu bar benim sığınağım oldu; unutulmaz anılar biriktirdiğim, kalıcı dostluklar kurduğum yer. Zor müşterilerle uğraşmak zorunda kaldığım geceleri, siparişlere yetişmek için koşturduğum yoğun saatleri ve barda oturup birbirimizle hikayeler paylaştığımız günleri hatırlıyorum.

Bu anılar bazılarına önemsiz gelebilir ama benim için kalbimde ayrı bir yere sahipler. Kapanış görevlerimi bitirdiğimde içim bir başarı duygusuyla doluyor. Bu işe kalbimi ve ruhumu adadım, şimdi veda etme zamanı. Işıkları kapatıp kapıları kilitlerken boş bara son bir kez baktım. İçimde mutluluk ve hüzün duyguları hissediyorum. Kapıdan çıktığımda buradaki yolculuğumun sonu olmadığını biliyorum. Bu barın bir parçasını her zaman yanımda taşıyacağım ve biriktirdiğim anılar sonsuza kadar benimle **kalacak.**

5. EVLİLİK YILDÖNÜMÜ

Her iş gibi barmenlik de hazırlık ve sıkı çalışma gerektirir. Ben gelir gelmez gece için gerekli tüm araç ve malzemeleri toplamaya başlarım. Yeterli malzemeye sahip olduğumdan emin olmak için envanteri kontrol eder ve gerekirse stokları yeniden doldururum. Ayrıca barı temizliyor ve her şeyin temiz, düzenli ve müşteriler için hazır olduğundan emin oluyorum. Bu gecenin zorlu geçeceğini biliyor gibiyim ama buna hazırım. Gecenin ilk müşterileri için içki hazırlamaya başlayan ben, bu işi nasıl girdiğimi hatırlıyor. İşimi bu kadar seveceğimi hiç düşünmemiştim. Benim işime olan sevgim, müşteriler ile olan etkileşimimde açıkça görülüyor. İnsanların çoğunun ismini ve tercih ettikleri içecekleri biliyorum. Daha doğrusu burası benim ütopyam olduğu için onların isimlerini biliyormuşum gibi davranıyorum. Hikayelerini dinliyor ve hayal kırıklıklarını gidermeleri için onlara arkadaşlık ediyorum. Birçok müşteri için bara gelip beni görmek günün en önemli anıdır. Bu sözü hiç kimseden duymadım ama bu ütopyanın sahibi benim ve bu böyle olmalı. Gece ilerledikçe bar dolmaya başlar ve benim çoklu görev becerilerim teste tabi tutulur. Benim işimi sevmemin sebeplerinden biri de tanıştığım insanlardır. Düzenli müşterilerimin çoğuyla arkadaş oldum ve onlar bara sadece içki içmek için değil, aynı zamanda benim için de geliyorlar. Bunları kendime söyleyip kendimi motive ederken yapmam gereken hazırlıkları yapıyorum ve artık hazırım. Utopia Angel 42 kapılarını açabilir. Şu an için düşüncem bu yönde eğer fikrimi değiştirirsem kapıları açmam önceden bunu yapmıştım çünkü. Kapıları açıp açmamak konusunda belki biraz düşünmeliyim. Dünyadan kaçıp ütopyaya gelmek isteyen insanları göz ardı edemem en iyisi kapıları açayım.

Kapı açıldı içeri giren bir çift gözüme çarptı. Kadın, kırmızı bir elbise ve yüksek topuklu ayakkabılarla şık ve çekici görünürken, erkek arkadaşı da kravat takmış ve güzel mavi bir gömlek giymişti. Bu genç çift, barın kapısından içeri girmez gözleri üzerlerine çekmeyi başarır. Bu çift, birden fazla sebep nedeniyle diğer insanlardan farklıydılar. Öncelikle bu genç çift oldukça genç ve enerjik görünüyorlardı. Diğer insanlarla kıyaslandığında oldukça genç ve heyecan verici bir halleri vardı. Genç çift masaya doğru ilerlediler. Oturduklarında barın canlı atmosferinden etkilendiler. Bar her yaştan insanla doluydu, gülüyor ve içki içerken sohbet ediyorlardı. Ütopyada neon ışıkları ile rahat ve davetkar bir ortam yaratılmıştı. Jack ve Emily çifti yalnızca birkaç aydır birlikteydi. İkisi de yirmili yaşlarının başındaydı ve hâlâ birbirlerini tanımaya çalışıyorlardı. Onları gördüğüm zaman aklıma gelen düşüncenin yanlış olduğunu ilerleyen zamanda anladım. Onlar etrafa baktıklarında kendilerini biraz yabancı hissetmeden edemediler. Diğer müşteriler daha yaşlı ve tecrübeli görünüyorlardı ama gecenin tadını çıkarmaya kararlıydılar. Yakınıma oturdukları için onların ne konuştuklarını duyabiliyordum.

Birkaç içki ısmarladılar ve günlerini anlatmaya başladılar. Emily, Jack'e üzerinde çalıştığı yeni bir projeden bahsederken, Jack de hafta sonu planlarını paylaştı. Sohbet edip gülüyorlardı. İnsanların içeceklerini hazırlamakla meşguldüm barda neşeli bir grup vardı emekli olmuş bu insanlar her yıl buraya gelirlerdi onların ne içtiklerini bildiğim için onlara sormadan onlara servis ediyordum. Bu gece ütopyada arkadaş grupları, iş arkadaşları ve hatta bazı çiftler vardı. Bu insanların birbirlerini ne kadar süredir tanıdıklarını ve bir gün böyle bir dostlukları olup olmayacağını merak etmeden duramadım. Emily ve Jack yan tarafta bulunan bir çift ile tanıştılar bu çift Malta'da yaşayan ve burada restoran işleten bir çiftti genelde ayda bir veya iki kez ütopyaya gelirlerdi. Onlar geldiği zaman bana fazla bahşiş verirlerdi ve burayı çok severlerdi. Artık müziğin sesini kısma ve kapıyı kapatma vakti gelmişti her zamanki gibi zilleri çaldım ve kapıya yakın olan orta yaşlı bir adam kapıyı kapattı. Beyaz ışıkları kapatıp loş ışıkları açtım ve zilleri çaldım.

Herkes beni içtenlikle alkışladı. Demek ki her şey yolundaydı insanlar eğleniyorlardı. Elimdeki bardağı silerken bara yeni gelen şık giyimli çiftin sesi gelmeye devam ediyordu. Onlar oyun oynarken yeni arkadaşlarıyla harika vakit geçirdiklerini fark ettim. Güldüler, şakalaştılar ve hatta hayatlarıyla ilgili hikayeler paylaştılar. Çift, bu yabancılarla bağlantı kurmanın ne kadar kolay olduğunu görünce şaşırdı. Barın sadece içki içme yeri olmadığını, aynı zamanda yeni arkadaşlar edinip anılar biriktirme yeri olduğunu fark ettiler. Gece ilerledikçe bar daha da kalabalıklaşmaya başladı ve bir ara müziğin sesi yükselmeye başladı. Jack ve Emily oyuna biraz ara verip içeceklerini yudumlarken bu beklenmedik ve eğlenceli gece için diğer çifte teşekkür ettiler. Bu gece bar çok kalabalıktı ve insanlar henüz sakinleşmemişlerdi ama kural kuraldır zili çaldım ve bütün ışıkları kapattım ışıkları tekrardan açtığım zaman müziğin sesi kısılmıştı ve tezgâhın üzerinde önceden hazırladığım içecekler duruyordu. İnsanlar bana doğru gelmeye başladılar ve onlar bardakları alarak yerlerine döndüler. Yanıma en son gelen iki kız ellerindeki içeceklerle dans ediyorlar ve yaşasın ütopya diye bağırıyorlardı. Bir süre sonra insanlar dans etmeyi bıraktı ve oturdular sohbet eden insanlar görüyordum. Sinirli bir bayan karşısındakine bir şeyler anlatıyordu. Elimdeki şişeleri yerlerine koyduktan sonra tabureye oturdum ve bacaklarımı uzattım artık eskisi kadar ayakta duramıyordum yoruluyordum. Bazı insanlar hesap ödeyip gittiler yeni gelen insanlar ilk baştaki şaşkınlıklarıyla göze çarpıyordu. İki kız birbirlerinin ellerinden tutmuş beyaz taşlara basarak seke seke bana doğru gelmeye çalışıyorlardı. İçlerinden bir tanesinin ayağı takıldı ve kız masanın üzerine düştü işte bu anda zilleri tekrar çaldım ve slow bir müzik açtım ışıklar müzik ve dışarıyla ilişkimizi kesen kapı hepsi hazırdı. Bizim bugün ki yolculuğumuz başlamıştı. Dünyadan ütopyaya giden insanlar topluluğu buradaydı onlar dans edip içki içmeye ara verip duygusallaştılar. Bu arada genç çift yalnız kalmıştı ellerindeki kağıtları dallara asmak için yanıma geldiler onların evlenmeyi istediklerini düşünüyordum. Onlarla tanıştım ve bar hakkında kısa bir bilgi verdim. Onların bana söyledikleri şey beni sarstı bu genç çift evliydi ve onlar evleneli bir yıl olmuştu. Taburelere oturup rahat bir nefes alan çift anlatmaya başladı. Onlar Belçika'dan tatil için Malta'ya gelmişlerdi ve onlar gün boyu gezip eğlenmişlerdi. Bir süre sonra sohbet etmeye başladık ve onların bana kendileri hakkında bilgi verdiler. Bugün onların evlilik yıl dönümüydü. Onlara bir içki ikram ettim ve onlarla sohbet etmeye başladım daha doğrusu bu çifti dinlemeye başladım.

Jack ve Emily mükemmel bir çiftin örneğiydi. İlk tanışmalarından düğün günlerine kadar aşk hikayeleri bir masal gibiydi. Yıldönümlerini kutlarken aşklarının yıllar geçtikçe daha da güçlendiği ve derinleştiği belliydi. Bu özel günde, birlikte yaptıkları yolculukları düşünmek ve birbirlerine olan aşklarını kutlamak için buradaydılar. Jack ve Emily üniversite günlerinde tanışmışlardı. İkisi de hayallerinin peşindeydi ama kaderin onlar için farklı bir planı olduğunu bilmiyorlardı. Yolları hiç beklenmedik bir şekilde kesişti ve birbirlerini gördükleri andan itibaren birlikte olmaları gerektiğini biliyorlardı. Aşkları hızla gelişti ve kısa sürede ayrılamaz hale geldiler. Birkaç yıl çıktıktan sonra Jack, hayatının geri kalanını birlikte geçirmek istediği kişinin Emily olduğunu biliyordu. Romantik bir teklif planladı ve elindeki en güzel yüzükle dizinin üstüne çöktü. Emily çok sevindi ve hiç düşünmeden evet dedi. Çift, sevdikleriyle birlikte görkemli bir törenle evlendiler. Yıldönümlerini kutlayan Jack ve Emily, birbirlerinde buldukları aşk ve mutluluk için minnettardırlar. Hayatın iniş çıkışlarını birlikte yaşadılar ve aralarındaki bağ her geçen gün daha da güçlendi. İyi günde de kötü günde de birbirlerinin yanında yer aldılar, her zaman birbirlerini desteklediler ve cesaretlendirdiler. Jack bana çok ilginç ve önemli bir şey söyledi. Onun bana söylemek istediği şey tam olarak şu şekildeydi. Başarılı evliliklerinin sırlarından biri ilişkilerine olan sarsılmaz bağlılıklarıdır. İletişim kurmak ve birbirlerinin ihtiyaçlarını anlamak için bilinçli bir çaba gösterirler, bu da evlilikleri için güçlü bir temel oluşturmalarına yardımcı olur. Ayrıca yoğun programlarına rağmen birbirlerine zaman ayırarak aşklarının ve bağlarının canlı ve gelişkin kalmasını sağlarlar. Bu sözler hoşuma gitmişti ve o bu sözlerinde haklıydı.

Mutlu evliliklerinin bir diğer önemli unsuru da birlikte gülüp eğlenebilmeleridir. Jack ve Emily harika bir mizah anlayışına sahipler ve en zor günlerde bile birbirlerini güldürmeyi başarıyorlar. Bu onların zor zamanları atlatmasına ve ilişkilerini neşeli tutmalarına yardımcı oluyor.

Onlar birbirlerinin güçlü ve zayıf yönlerini kabul ederler ve her zaman birbirlerinin başarılarını kutlamak için çaba gösterirler. Hayatlarının her alanında birbirlerini destekleyip tamamladıkları güçlü bir ortaklık kurdular. Hayatın kaosu ve zorluklarının ortasında Jack ve Emily teselliyi birbirlerinin kollarında buldular. Aralarındaki bağ, gerçek aşkın ve mutlu bir evliliğin neye benzediğinin parlak bir örneğidir. Yıldönümlerinde aşklarına ve mutluluklarına kadeh kaldırırken Jack ve Emily daha uzun yıllar sürecek birliktelikleri sabırsızlıkla bekliyorlardı. Evliliklerinin iniş çıkışlarla karşılaşacağını biliyorlar ama aşklarının her geçen gün daha da güçleneceğinden emindiler. Birbirlerine sahip oldukları sürece önlerine çıkan her türlü engeli aşabileceklerine inanıyorlardı.

Jack ve Emily'nin aşk hikayesi, gerçek aşkın var olduğunu ve sevgi, bağlılık ve iletişim ile mutlu bir evliliğin mümkün olduğunu hatırlatıyor. Bardaki mutlu ve huzurlu atmosfer Jack ve Emily'nin ilişkileri açısından da etkili olur. Çift olarak gözlerinin içindeki sevgiyi görsel hale getirirler ve bunu gösterirken birbirleriyle olan aşklarını yeniden canlandırırlar. Kendini ifade etmenin en güzel biçimlerinden biri olan dans, yalnızca vücudunuzu müziğin ritmine göre hareket ettirmek değildir. Aynı zamanda zarafet, tutku ve bağlantıyla da ilgilidir. Dans partnerleri söz konusu olduğunda en çok parlayan çiftlerden biri Jack ve Emily ütopyadalar. Daha ilk hamleden itibaren Jack ve Emily'nin dans ortaklığının büyük bir başarıya ulaşacağı belliydi. Hareketleri mükemmel bir uyum içerisindeydi ve birbirlerinin her adımını önceden tahmin ediyor gibi görünüyorlardı. Kimyaları heyecan vericiydi ve diğer insanlar gözlerini onlardan alamıyordu.

Gerçek aşkın ilham kaynağı ve kanıtı oldukları için Jack ve Emily'ye teşekkür ederiz. Yıldönümünüz kutlu olsun ve sevginiz sonsuza kadar çiçek açmaya ve gelişmeye devam **etsin!**

6. VİCTOR'UN HÜZNÜ

Emily ve Jack teşekkür edip gittiler insanlar yerlerine oturdular müziğin sesini kıstım ve sarı renkli ışıkları yaktım. Siparişleri hazırlarken her zaman olduğu gibi zilleri çalıyorum bunun anlamını yeni gelen insanlar bilmiyorlar benim için artık ütopyaya yolculuk zamanı geldi. Sol taraftaki masalarda oturan insanlar sohbet ederken karşımda oturan bir kadın benimle sohbet ediyor. Zaman zaman bana övgü dolu sözler söyleyen alman asıllı kadın içkisini içiyor. En uzakta olan gençler şarkı söylemeyi bıraktılar ve birbirlerine sarılıp dans ediyorlar. Tezgâhın üzerindeki şişeleri raflara koyduktan sonra bardaklar ile ilgilenmeye başlıyorum. Yeni birkaç çeşit kokteyl yapmayı düşünüyorum belki yarın yeni bir kokteyl yapabilirim. Kapı yavaşça açıldı içeri giren adam uzun boylu ve kaslı bir yapıya sahip, geniş omuzlu birisi onu daha önce görmüştüm ama onun daha önce ütopyaya geldiğinden emin değilim. Belki onunla dışarıda karşılaşmışımdır. Kısa, dağınık siyah saçları ve delici yeşil gözleri olan bu adam sakin bir şekilde kapıyı kapattı. İlk olarak etrafa bakınan bu adam bir süre olduğu yerde durdu. Kollarında ve göğsünde kabile sembollerini tasvir eden birkaç dövmesi vardı. İçimden bir his bu adamın bugün ki şanslı kişi olduğunu söylüyordu. Yorgun birisi gibi görünen bu adam umarım ütopyanın atmosferi ile yorgunluğunu unutur. Bana yaklaşan adam barın köşesindeki tabureye oturdu ve sipariş verdi onu gülümseyerek karşıladım o ise bana teşekkür edip sustu. Bir süre sonra bardağı adamın önüne bıraktım ona yeşil renkli içi gözükmeyen üzerinde resimler olan bir bardak verdim. Adam, yorgun bir şekilde gülümsedi ve içkisine göz attı. Bardaki kalabalık ve huzurlu ortam onun yorgunluğunu biraz da olsa unutmasına yardımcı olur. Bundan eminim çünkü buraya gelen insanlar yorgun üzgün olsalar da bir süre sonra rahatlarlar ve sohbet ederler. İçkisi, vücuduna sıcaklık verir ve yorgunluğunu biraz da olsa hafifletir. Düşüncelere dalan bu adamı rahat bırakıp diğer insanlarla ilgilenmeye devam ettim yanıma gelip içecek siparişi veren iki kız barın önünde beklerken adama bakıyorlardı. Adamın hali oldukça kötüydü ve insanların dikkatini çekiyordu. Onun için bir şey yapmak istiyordum ve ona bir içki ikram ettim bana bakıp gülümseyen adam yine benimle konuşmadı. Belli ki o turist değildi. Bir süre sonra bana seslenen dövmeli adam bana nasıl olduğumu sordu bir an için ayağa kalktı ve cebinden bir fotoğraf çıkardı. Onun elinde güzel bir kızın fotoğrafı vardı adamın gözleri doldu. O benden özür diledi ve tekrar tabureye oturdu onun niçin üzgün olduğunu bilecek kadar tecrübeliydim ve istersen bana anlatabilirsin dedim ilk başlarda bundan hoşlanmayan adam sustu o dallar ve ziller ile oynuyordu etrafı izleyen bu adam bana dönerek eğer vaktin varsa konuşabilir miyiz dedi. Onun bu isteğini yerine getirmek benim için sıradan bir işti. Adının Victor olduğunu söyledi bana elini uzattı. Ütopyanın bu geceki şanslı kişisi bu adamdı.

Aşk, insanın en büyük duygularından biridir. Birine sevdalanmak, onunla birlikte olmak. Seven ama kavuşamayan bir adamın hikayesi ise oldukça acıdır. Bazen hayatta bazı şeyler yolunda gitmez. İsveç de küçük bir kasabada yaşayan Victor, genç ve yakışıklı bir adamdı. Hayatında her şey yolunda gidiyordu ve o son sınıfta Nasya'yı tanıdı. Victor için o kız tam anlamıyla bir melekti. Onun güzelliği, içtenliği ve zekâsı Victor'u büyülemişti. Kısa sürede ikisi arasında bir aşk başladı. Ancak Nasya'nın babası, Victor'un ailesine göre daha zengin ve itibarlı birisiydi. Bu nedenle Nasya'nın ailesi, kızlarının Victor ile birlikte olması karşı çıktı. Ailelerinin sosyal durumları ve maddi durumları farklıydı. Victor, Nasya'yı çok seviyordu ve ailesinin bu engeline rağmen ondan vazgeçmek istemiyordu. Bir süre sonra Nasya, Victor ile olan ilişkisini bitirdiğini söyledi. Victor, bu haberi aldığında yıkılmıştı. Hayatında ilk defa bu kadar âşık olmuştu ve sevdiği kadının onu terk etmesi onu mahvediyordu. Ancak Victor, onu unutmaya çalıştı. Üniversiteye gitme kararı verdi ve ailesinin desteğiyle şehir dışındaki bir üniversiteye kaydoldu. Nasya'yı ve acı hatıraları geride bırakmaya çalıştı. Ancak ne kadar uğraşsa da Nasya'yı unutamıyordu. Üniversitede birçok kızla tanıştı, ama hiçbiri Nasya kadar özel değildi. Yıllar boyu hep onu özlediğini fark etti. Üniversite'yi bitirdikten sonra Victor, kasabasına geri döndü.

Ancak Nasya'yı unutmak için geçen yıllar onu değiştirmemişti. Hala ona olan aşkı ve özlemi aynıydı. Bir gün tesadüfen Nasya ile karşılaştı. Onun ile konuşmak istedi göz göze geldikleri an buna cesaret edemedi. Victor'un yeni bir kız arkadaşı vardı onlar henüz sevgili değillerdi ikisi de ne yaptıklarını pek bilmiyorlardı fakat onlar beraber oldukları için mutluydular. Aradan aylar geçti, Victor ve Nasya yollarının kesiştiği o günden sonra hiçbir şekilde bir araya gelemediler. Her ikisi de kendi hayatlarını yaşıyorlardı. Victor bir taraftan çalışıyor bir taraftan da Nasya'yı düşünüyordu. Onunla birlikte olamadığı için hep acı çektiğini gördü. Âşık olmak ve kavuşamamak onun hayatındaki en acı gerçeği oldu. Belki de hayatı başka türlü olabilirdi ancak artık her şey için çok geçti. Aşık ama kavuşamayan bir adamın hikayesi bu saatte beni üzmüştü birkaç saat önce mutlu bir çift ile tanışmıştım şimdi bu adamı merak ve hüzün ile dinledim. Buraya her gelen insanın birbirinden farklı hikayeleri var bazen güzel bazen acıklı ama her zaman bu dertleri unutuyoruz. Biz birlikte ütopyaya göç ediyoruz. Barda oturan adamın yüzünde hüzün ve umutsuzluk belirtileri vardı. Etraftaki insanların gürültüsü ve neşesi, onun içindeki karanlık bulutları dağıtamıyordu. O kız arkadaşına olan aşkını hiçbir zaman unutamayacaktı. Belki bir gün yolları tekrar kesişir ve o hüzünlü adamın içinde tekrar gülümseme belirir. Ancak şu anda o bardaki masasında sevdiği kızın fotoğraflarına bakarak, içindeki hüzün ve acıyla baş başa kalmaya devam edecekti. Bir gün kız arkadaşı ona bir sürpriz yapmak için Malta'da olduğunu söyledi. Victor içindeki umutla buraya gelmişti kız arkadaşıyla mutlu günler geçirmişti fakat filmin sonu yine aynıydı kız çalışmak için Hollanda'ya gidiyordu Victor ise bana anlatmak istemediği bir sebepten ötürü ülkesine gitmek zorundaydı. Onlar artık eskisi gibi mutlu ve neşeli değillerdi burada geçirdikleri günlerde o bunu anlamıştı. Sonunda dayanamayıp kız arkadaşına olan aşkını itiraf etti. Bunu zaten ikisi de biliyordu belli ki o can havliyle konuşuyordu.

Aşka ve ilişkilere çok değer verilen bir toplumda, çiftlerin ayrılıp kendi yollarına gittiklerini görmek alışılmadık bir durum değil. Ancak bir kadın sevdiği erkeği terk etmeye karar verdiğinde, bu durum çoğu zaman soru işaretleri yaratır ve şüphe uyandırır. Bu cümleyi duyduğum zaman işimle meşguldüm ve Victor hava almak için dışarı çıkmıştı başımı kaldırıp baktığım zaman karşımda duran kız bana gülümsüyordu. Uzun boylu kıvırcık saçlı bir kız gelmişti o bir süre önce içeriye girmişti ve gelip bir içki almıştı. Merhaba ben sizi izliyordum ve izin verirseniz sizinle konuşmak istiyorum dedi. Eliyle saçlarını oynayan bu kız heyecanlıydı. Kız oturdu ve benim ona yaklaşmamı bekledi yanına gittiğim zaman bana elini uzattı ve bana ismini söyledi. Sevdiği adamla ilişkisini sonlandırmayı seçen ve pek çok kişinin bu kararını merak etmesine neden olan İsveçli genç bir kız Nasya. Birlikteydiler ve mutlu ve sevgi dolu bir çift oldukları biliniyordu. Ancak kız ilişkiyi bitirip hayatına devam etmeye karar verdiğinde işler tersine döndü. Victor gibi bu kızda aynı şeyleri anlatıyordu o kendini savunmak bana hikâyeyi tekrar anlatmaya kararlıydı. Bizim konuştuklarımızı dinlemişti ve üzgündü. Şu an burada olmaması gereken bu kız ülkesine dönmemişti. Ayrılığın nedeni her iki tarafça da konuşulmadı ancak kızın kararının kolay olmadığına inanılıyor. Uzun zamandır bunu düşündüğü ve sonunda sevdiği adamdan uzaklaşma cesaretini topladığını söylüyor. Güçlü ve sevgi dolu bir bağa sahip görünen mükemmel bir çift oldukları için bu birçok kişi onların ayrılmasına şaşırmış. Şu an bende şaşkındım böyle bir şey ilk defa başıma geliyor müşteri gittikten sonra diğer bir müşteri içini dökmek için bana geliyor. Bu hikâyenin iki karakteri de gelip beni buldular. Peki bu kızın bu kadar radikal bir karar almasına ne sebep olmuş olabilir? Bazıları onun başka birini bulmuş olabileceğini düşünürken, diğerleri ilişkiden memnun olmadığına ve başka seçenekleri araştırmak istediğine inanıyor. Ancak gerçek bilinmiyor. Bu kız hakkında övgüye değer olan şeylerden biri, birisinin kalbini kırmak anlamına gelse bile kendisi için en iyi kararı verme cesaretidir.

Sevdiğiniz birinden uzaklaşmak çok fazla güç gerektirir, ancak bazen kişisel gelişim ve mutluluk için gereken şey budur. Kadınların genellikle bir ilişki uğruna mutluluklarını feda etmelerinin beklendiği bir toplumda, bu kızın kendini ön plana koyma kararı cesur bir hareket. Başkalarının ne düşündüğüne bakılmaksızın hayatının sorumluluğunu üstlenmekten ve zor seçimler yapmaktan korkmadığını gösteriyor. Kızın ilişkisini sonlandırma kararı, modern zamanlarda değişen ilişkilerin dinamikleri konusunda da tartışmalara yol açtı. Kadınların artık toplumsal normlara ve beklentilere bağlı olmadığını gösteriyor. Bir bakıma İsveçli kız, ihtiyaçlarını karşılamayan bir ilişkide zorluk yaşayan diğer kadınlara örnek teşkil etti. Eğer ilişki artık size hizmet etmiyorsa, sevdiğiniz birinden vazgeçmenin sorun olmadığını gösterdi.

Sonuç olarak, kızın partnerinden ayrılma kararı pek çok kişi için sürpriz olmuş olabilir ancak kalp meselelerinde kişinin her zaman kendi sezgilerini dinlemesi ve onlar için en iyi olanı yapması gerektiğinin bir hatırlatıcısıdır. Sevdiğiniz birinden uzaklaşmak cesaret ve güç gerektirir ancak bazen kişisel gelişim ve mutluluk için de gereklidir. Bu kızın cesur hareketi hepimize bir ilişkide kendi refahımıza ve mutluluğumuza öncelik vermemiz için bir derstir. Bu hikâyenin özeti bu şekilde olduğuna göre adamın bana anlattığı zengin fakir hikâyeyi tamamen saçma ve yalandı. Nasya biraz daha konuştu ve onların sebebi anlaşıldı. Victor kıza ihanet etmişti sonra pişman olsa da yıllar boyu acı çekse de iş işten geçmişti. İlk defa böyle bir yalan söyleyen müşteri gördüğüm için şaşkındım. Artık kapanış saati yaklaşmıştı bu günlük bu kadar yeterdi üçüncü bir kişinin gelip aynı hikâyeyi anlatmasına tahammül **edemezdim.**

7. SANAL AŞK KADINI

Malta'da deniz kenarında vakit geçiren bir kadının hikayesi, kendini keşfetmenin, rahatlamanın ve doğanın güzelliğini kucaklamanın büyüleyici bir hikayesidir. Bu hikâye benim hikayem işe gitmeden önce birkaç saat boş vaktim var. Uzun zamandan sonra alışverişe gittim. Yürüyüş yaptım denizi seyrettim. Küçük bir Akdeniz adası ülkesi olan Malta, berrak sulara, pitoresk plajlara ve zengin bir kültürel mirasa sahiptir. Ben bu güzelliklerin farkında değilim daha doğrusu kendime zaman ayırmıyorum. Bara gidip insanları dinlemeden önce güzel havada yürüyüş yapmak oturup bir şeyler içmek benim için iyi gelecek. Bugün karşıma ne tür bir hikâye çıkacak bilmiyorum şimdi güzel havanın tadını çıkarıyorum. Adaya ilk geldiğim zaman havayı dolduran tuzlu su kokusu duyularımı canlandırdı ve beklentimi artırdı. Günlerimi masmavi deniz manzarası eşliğinde geçireceğim, şirin bir sahil kulübesine yerleştim. O zaman burada bir barım yoktu sadece turist olarak buraya gelmiştim. Her sabah kıyıya çarpan dalgaların hafif sesiyle uyanıyordum. Elimde bir fincan taze demlenmiş kahveyle büyüleyici sahil şeridini keşfetme cesaretini gösterdim. Kendimi Malta deniz manzarasının saf güzelliğinden büyülenmiş halde buldum. Kıyı şeridinde yer alan sakin koylar beni berrak, turkuaz sulara girmeye davet ediyordu. Deniz kenarında saatler geçiriyordum, kendimi dalgaların huzur verici sesine bırakırken zamanın nasıl geçtiğini anlamıyordum. Tuzlu su doğal bir şifacı gibi davrandı, stresimi uzaklaştırdı ve bana huzur duygusu aşıladı. Malta'nın denizle olan ilişkisinin zengin tarihini ve kültürel önemini de keşfettim. Taze yakalanmış balıkların, ahtapot güvecinin ve geleneksel Malta tabaklarının tadını çıkarırdım. Deniz meltemiyle birleşen eşsiz tatlar, her yemeği duyulara hitap eden bir zevke ve adanın kıyı zenginliğinin bir kutlamasına dönüştürüyordu. Yemeklerden bahsedince acıktığımın farkına vardım bara gitmek için zamanım vardı yemek yemeye karar verdim. Malta'da hareketli bir restorana adım attığımda, sıcak ortamın ve havaya yayılan aromatik kokuların beni karşıladığını hissettim. Mutfak macerasına atılma hevesiyle yerel lezzetleri tatmanın heyecanıyla koltuğuma yerleştim.

Ağız sulandıran lezzetlerle dolu geleneksel Malta tabağını sipariş etmeye karar verdim. Malta'nın ünlü koyun veya keçi peyniri, zeytin, güneşte kurutulmuş domates, dip sos ve ''ftira'' adı verilen gerçek Malta ekmeği gibi yerel lezzetlerin yer aldığı tabak, Malta'ya özgü lezzet ve dokuların enfes bir karışımını sunuyordu. Mutfak araştırmalarıma devam edip, yerel bir spesiyalite olan ''aljotta'yı'' sipariş ettim. Karides, midye ve yerel balık gibi taze deniz ürünleriyle zenginleştirilen bu geleneksel balık çorbası, sarımsak ve maydanozla zengin bir domates suyunda pişirildi. Her kaşık dolusu Akdeniz'in doğal lezzetleriyle dolup taşıyor, damağımda enfes bir tat bırakıyordu. Bazı geleneksel tatlıların tadına bakmadan hiçbir Malta yemeği tamamlanmaz. Yemek deneyimimi klasik Malta tatlısı ''imqaret'' ile tamamlamayı tercih ettim. Bu elmas şeklindeki hamur işleri hurma püresiyle doldurulur, mükemmel şekilde kızartılır ve üzerine biraz bal gezdirilir. Çıtır dış kısmı ve tatlı, yapışkan dolgusu harikadır. Enfes lezzetlerin yanı sıra, Malta'da Yemek aynı zamanda yerel kültür ve ambiyansın içine dalmak anlamına da gelir. Tek başıma tatlı erken etrafı izliyorum ve esen rüzgâr beni hafifletiyor. Belki ruhen belki fiziken hafifliyorum. Güneşin son ışınları binaların arkasında yavaş yavaş kaybolurken akşam çökmeye başlamıştı. Şehir aydınlanmaya başlıyordu ve insanlar uzun bir iş gününün ardından rahatlamak için barlara ve publara akın etmeye başlıyordu. Ütopyanın hikayesi kararlılığın, sıkı çalışmanın ve tutkunun hikayesiydi. Kapıdan girip işimin başına geçtim. Klasik siyah-beyaz barmen üniforması giymiştim ve saçlarımı düzgün bir topuzla toplamıştım.

Gülümsemesi bulaşıcıydı ve düzenli müşterileri selamlarken etrafı hemen aydınlatıyordu. Ancak müşteriler gelmeden önce yapılması gereken hazırlıklar vardı. Doğruca barın arka tarafına yöneldim ve orada şişeleri ve bardakları düzenlemeye başladım, her şeyin yerli yerinde olduğundan emin oldum. Titizdim ve barın düzgün işleyişini sağlamak için katı bir sistemim vardı. Daha sonra stoğu kontrol ettim ve yeniden stoklanması gereken içecek ve malzemelerin bir listesini yaptım. Depoya giderken duvarda asılı olan çerçeveli resme hayranlıkla baktım. Barın stoklarını doldurduktan sonra içeceklerin garnitürlerini hazırlamaya başladım. Limonları, misket limonları ve portakalları dikkatlice dilimledim ve hepsinin aynı boyutta olduğundan emin oldum. Detaylara olan ilgim etkileyiciydi ve bu, barda servis edilen içeceklerin kusursuz sunumuna da yansıdı. Saat akşam 20.00'yi gösterdiğinde ilk müşteriler gelmeye başladı. Onları sıcak gülümseme ile karşıladım ve hemen siparişlerini almaya başladım. Müşterileriyle olan etkileşimlerim samimiydi ve onların ihtiyaçlarına her zaman özen gösteriyordum. En sevdikleri içecekleri ve hatta isimlerini hatırlıyordum, bu da onlara takdir edildiğini ve hoş karşılandığını hissettiriyordu. Gece ilerledikçe bar daha da yoğunlaştı ve becerilerim sınandı. Kokteylleri kolaylıkla karıştırdım ve barmenlik yeteneğim ile müşterileri eğlendirdim. Gece yarısı yaklaşırken bar artık zirveye ulaşmıştım. Müziğin sesi çok yüksekti ve bar kahkahalar ve sohbet eden insanlarla doluydu. Enerjim hiç azalmadı ve müşterilere güler yüzle hizmet vermeye devam ettim. Saat gece yarısı olmuştu ben ilk defa saati kontrol ediyordum genel olarak zaman kavramıyla işim olmaz çünkü ütopyada saat yok. Müziğin sesini kısma vakti gelmişti ve ışıkların rengini değiştirdim bugün barda eğlenceli insanlar vardı bu yüzden müziğin sesi yüksekti. Özüme döndükten sonra zilleri çaldım ve insanların tepkisi mükemmeldi. Deri koltukta oturan insanlar bağırmayı bıraktı gürültü bitti sol tarafımdaki insanlar duvardaki tabloların resmini çekmeyi bitirdi. İskambil oynayan gençler yerlerine oturdular. Bugün yüksek tempo ile çalışmıştım herkes halinden memnundu zili çalan genç kız son bir defa içki istedi. Onun için turuncu renkli bir bardağın içinde kokteyl yaptım. Kapı bazen açılıyordu yeni insanlar içeri giriyorlardı. Zili tekrar çaldım herkes beni alkışladı bunun anlamı herkes halinden memnundu. Bugün oldukça eğlenceli bir gün geçirdim ve bardaki insanların hepsi mutluydu ve eğlendiler. Üzerimdeki önlüğü çıkarıp kendi kıyafetlerimi giymek için depoya gitmeye karar verdim. Ütopya yolculuğu başlamak üzereydi ve her şey sade basit olmak zorundaydı. Ayakkabılarımı giyip ayağa kalktığım zaman kapının açıldığını fark ettim. Bir anda kulağıma bir müzik sesi geldi başımı kaldırıp kapıya baktım kapı açılmıştı. Sokaktan geçen üstü açık kırmızı renkli bir arabanın içindeki gençler yüksek sesle müzik dinliyorlardı. Arabanın çok güzel bir rengi vardı. Araba ilerledikçe müzik sesi de duyulmamaya başladı ve dikkatimi toplayıp kapıya baktım kapıyı tutan el beyaz tenli bir bayanın eliydi ve bu bayan kapıyı tutuyordu. İçeriye girmekte olan bayan otelin en eski personeli olan James ile ayak üstü sohbet ediyordu. James kısa boylu dalgalı saçlı bir çocuktu bir süre sonra bayanı selamlayarak oradan ayrıldı ve kapıyı tutan kadın nihayet içeriye girmeyi başardı. Bu kapı ütopyaya giriş kapısı olduğu için açık kalması hem beni hem de müşterileri rahatsız ediyordu. Çünkü biz burada kendi dünyamızda dışarıyla olan ilişkimizi bitirmiş bir şekilde yaşıyorduk. Bu uzun boylu uzun siyah saçlı bayan yaklaşık olarak 35 yaşlarında genç alımlı bir kızdı kısa mavi bir etek ve siyah düz bir tişört giymiş olan bu kız bara doğru yaklaşıyordu ütopyanın kapısından ilk kez içeri girdiği yüzündeki şaşkınlık ve tedirginlikten belli oluyordu. Yürürken masalara ve oturan insanlara bakıp gülümsüyordu ama diğer taraftan her adım attığı zaman barın sıra dışı ortamı onu heyecanlandırıyordu. Bu alımlı uzun boylu ince kız bana doğru iyice yaklaştığı zaman elimdeki bardağı yerine bıraktım ve ona gülümseyerek hoş geldin dedim güzel gözleri olan bu kız ilk başta tabureye oturmakta tereddüt etti çünkü o ilk defa böyle bir bar görüyordu güzel kız bir eliyle tabureyi düzeltti ve zarif bir şekilde oturmayı başardı. Bir kadın bara gelir ve yalnız başına bir şeylere bakmaya karar verir. Ancak bu basit cümle, aslında bir kadının verdiği önemli bir kararı ve bunun altında yatan sebepleri ifade ediyor. Bir kadın bara gelip yalnız başına otururken, aslında kendisine zaman ayırmış ve kendi dünyasında olmaktan zevk aldığı anları yaşamak istiyor olabilir. Bir kadının bara yalnız başına oturmasının bir başka nedeni de geçmişte yaşanan olumsuz deneyimler olabilir.

Barda tek başına oturan Julia, parmaklarını içkisinin kenarında gezdiriyor. Bir yudum alıp gözlerini kapatıyor ve vücuduna yayılan sıcaklığın tadını çıkarıyor. Onun kolyesinde ismi yazıyor bazen kolyesiyle oynuyor. Bu kızın bugün ki şanslı müşteri olduğunu düşünüyorum. Umarım bu kız yalnızdır ve takip edilmemiştir onunla sohbet ettikten sonra bir başkasının yanıma gelmesini istemiyorum. Bu kız yalnız ve yalnızlıktan memnun gibi. Etrafına bakınca çiftlerin ve arkadaş gruplarının canlı ve hareketli sohbetlerini fark ediyor. Derin bir nefes alıyor ve kendine yalnız olmanın her zaman kötü bir şey olmadığını hatırlatıyor. Aslında şu anda tam da ihtiyacı olan şey bu. Julia'nın hayatı son zamanlarda olaylarla dolu bir film haline gelmiş. Zorlu bir iş ve telaşlı bir sosyal yaşam arasında nefes almaya zar zor vakit buluyor. O telefonla konuşuyor ve bu sözleri söylüyor. Galiba bu kız tatile gelen ve yalnız kalmak isteyen birisi. Bu gece her şeye ara verip düşünceleriyle baş başa kalmaya karar verdi ve telefonu kapattı. Bana baktığı zaman gülümsemeden edemiyor. İçkisini yudumlayan Julia, hayatı ve ne dertleri üzerine düşünüyor. Bu kaosun ortasında, gerçekten önemli olan şeyleri gözden kaçırmıştır. Burada, barda yalnız olmak ona kişisel bakımın ve kaosa ara vermenin önemini hatırlatıyor. Bu sözleri rahatlıkla söyleyebiliyorum çünkü çok fazla insan tanıdım ve birçok hikâye dinledim. Julia içkisini bitirdiğinde üzerine bir huzur dalgasının yayıldığını hissediyorum. Sanki omuzlarından bir yük kalkmış gibi kendini hafiflemiş hissediyor. Bir arkadaşını aramayı düşünerek telefonunu çıkarıyor ama sonra vazgeçiyor. Düşünceleri eşliğinde bu anın tadını biraz daha çıkarmak istiyor. Etrafına bakınca birkaç koltuk ötede oturan bir adamın yine yalnız olduğunu fark ediyor. Adam teşekkür etmek için kadehini kaldırıyor, o da aynısını yapıyor. Onun benimle değil de bir başkasıyla konuşmak isteyeceğini düşünmeye başladım. Bu kız neden ilgimi çekti bilmiyorum galiba artık ütopya yolculuğuna başlamak istiyorum. Bu basit hareketle barda yalnız kalarak teselli arayan tek kişinin kendisi olmadığını fark eder. Belki onun gibi başkalarının da dış dünyadan uzaklaşmaya ihtiyacı vardı. Bu bar bu yüzden burada bizler dış dünya ile olan ilişkilerimizi sonlandırıp gece boyu ütopyada yaşıyoruz. Atıştırmalıklarını bitirip ayrılmaya hazırlanırken Julia bana dönerek ismimi sordu. Her zaman sosyal bir kelebekti ama bu gece yalnız olmanın güzelliğini keşfetti. Bu bir izolasyon ya da yalnızlık belirtisi değil, daha ziyade derinlemesine düşünme ve kendini sevme anıdır. Ayağa kalkan kız gidip gitmemekte kararsız kaldı ve ona bir içki verdim teşekkür ederek konuşmaya başladı.

Bekar olan bu kız yalnızlıktan sıkılmış ve macera arayan birisiydi. Mesleği öğretmenlik olan bu kız evlenmiş boşanmıştı. Biz sohbet ederken yeni insanlar gelip sipariş veriyorlardı. Onlar beni beklerken ziller hakkında konuşup zillere vuruyorlardı. Tavandaki yazılar onların dikkatini çekmişti ve onlar buraya hayran kalmışlardı. Onlar yanımdan ayrılıp en uzaktaki masaya gittiler. Bu arada müziğin sesini ayarladım ve Julia'nın yanına gittim. Bugün ayakta durmaktan ve de yürümekten ayaklarım ağrımıştı tezgâha yaslandım ve onu dinlemeye başladım. Sanal sohbet hayatımın bir döneminde deneyimlediğim ancak sonradan pişmanlık duyduğum bir olaydı dedi bana sanal sohbet ile ilgilenip ilgilenmediğimi sordu. Bu tür aktiviteler bana göre değildi sanal sohbet benim için vakit kaybıydı. İnternet çağının hızla yükseldiği bir dönemde, gençlik ve merakın etkisiyle bu alanda deneyim yaşamak istemiş. O zamanlar, birçok insan gibi ben de internet üzerinden sohbet platformlarına katılıyor ve farklı insanlarla iletişim kuruyordum. Ancak bu süreçte, yasadışı veya tehlikeli durumlarla karşılaşmamak için dikkatli olmak gerektiğini anladım. Dedi ve bir süreliğine sustu o hem bana bir şey anlatmak istiyordu hem de korkuyordu. Bir gece, bilinmeyen bir kullanıcıyla başlayan bir sohbet, beklenmedik bir şekilde cinsellik konusuna kaydı. İlk başta merak ve heyecanla bu konuşmaya devam ettim, ancak sonradan bu durumun ne kadar tehlikeli ve yanlış olduğunu fark ettim. Karşımdaki kişinin gerçek kimliği hakkında bir fikrim yoktu ve aslında kiminle konuştuğumu bilmiyordum. Bu tuhaf ve ürkütücü söz üzerine bir an düşündüm ve bu kızın bu geceki şanslı kişi olduğuna emin oldum. Yine beni tuhaf olaylar bekliyordu. Bu deneyimden sonra, sanal ortamda insanlarla iletişim kurarken daha dikkatli olmaya karar verdim. Birçok insanın sanal sohbet platformlarını, kötü niyetli kişilerin saldırısına maruz kalmadan kullanabildiğini biliyorum. Ancak benim yaşadığım deneyim, bu tür platformlarda her zaman dikkatli olmak gerektiğini öğretti. Artık sanal ortamda karşılaştığım her türlü iletişimde daha bilinçli ve dikkatli bir tutum sergiliyorum. Bu deneyim sayesinde, yaşadığım hata üzerine düşünmek ve daha güvenli adımlar atmam gerektiğini anlamama yardımcı oldu. En azından o tecrübe etmişti. Ona buraya neden geldiğini sordum onun verdiği cevap beni şaşırtmıştı.

Julia, internet programları ile birisiyle tanıştı ve onunla buluşmak için heyecanla Malta'ya geldi. Julia ve Marco, internette tanışarak çok iyi anlaştılar. Neredeyse her gün sohbet ediyorlardı ve samimiyetleri giderek artıyordu. Ancak Julia'nın yüz yüze görüşmek istemesiyle birlikte ortaya çıkan sürpriz, herkesi şaşırttı. Julia, Marco ile karşılaşmak için yurtdışına gitmeyi planladı. Tanıştığı günden beri, onunla tanışmak için büyük bir heyecan duydu ve bu harika adamın gerçek hayatta nasıl birisi olduğunu görmek istiyordu. Gittiği yerlerdeki arkadaşlarının sayesinde Marco ile buluşmayı planladı ve uçak biletini aldı. Ancak bir süre sonra Julia'nın öğrendiği gerçek, onu yıkıma sürükledi. Marco'nun evli olduğu ve iki çocuk babası olduğu öğrenilmiş, dünya başına yıkılmıştı. Her günkü sohbet ettiği, hayaller kurduğu ve dünyaya karşı güvendiği adamın aslında bir sahtekâr olduğunu öğrendi.

Bu durum, Julia'yı büyük hayal kırıklığına uğrattı ve duygusal olarak çok zor durumda kaldı. Kendine güveni zedelenen Julia, eski benliğine dönme konusunda büyük bir mücadele verdi. O bir aydır buradaydı ve ülkesine dönmek yerine adamın yalanlarını dinlemeye devam ediyordu.

Öte yandan Marco'nun da acı dolu bir hikayesi vardı. İnternet üzerinden tanıştığı kadınlara güven duygusu için âşık oluyordu. Kendine çevrimiçi bir kişilik yaratmış, onu gerçek hayatta yaşayamadığı hayallerine taşımıştı. Ancak bu durumun ona ödettiği bedel, yanlış seçimler ve masum insanların kalbini kırmak oldu. Birkaç gün sonra Marco ailesi ile ülkesine döndü o ailesi ile Malta'ya tatile gelmişti bu arada sevgilisini de buraya çağırmıştı. İkinci günün akşamı Marco'nun eşi ve sevgilisi otelde karşılaşmıştı. Julia susmayı tercih etti ve orayı terk etti. Akşam bir kafede oturup konuştular. Marco üzgün olduğunu söylüyordu Julia ise onu sevdiğini sanıyordu ve onu burada bekleyeceğini söylüyordu. Birisi kaçmak istiyordu diğeri ise onu bırakmıyordu. Sonuç olarak Marco ülkesine döndü fakat dört gün sonra yine geldi. Bu sefer Julia her şeyi unutmuştu veya öyle davranıyordu. Onlar birlikte zaman geçirdiler eğlendiler on gün boyunca birlikte tatil yaptılar. Onlar için her şey güzeldi fakat Marco evliydi ve o bu sefer kesin olarak gidecekti. Son günün akşamı restoranda yemek yerlerken Julia otele gitmesi gerektiğini söyledi ve kalktı gitti o veda etmemek için kaçmıştı. Marco ertesi gün ülkesine döndü fakat Julia burada kalmaya devam etti. Buraya kadar olan kısım güzeldi anlaşılabilirdi fakat kız neden geri dönmedi bunu anlamamıştım. Ona bir içki verdim ve çalışmak için yanından ayrıldım.

Bar tenhalaşmıştı Julia beni bekliyor gibiydi işimi bitirip yanına gittim. Tatil birçok insan için yeni deneyimler yaşamak için mükemmel bir zaman dilimidir. Farklı insanlarla tanışma fırsatı da sunan tatiller, bazen hiç beklenmedik hikayelerin başlangıcı olabilir. Julia aylardır hayalini kurduğu tatilin tadını çıkarmak amacıyla buraya gelmişti. Kumsallarda yürüyüş yapmak, tazelenmek ve denizde gezinmenin keyfini yaşamak için sabırsızlıkla bekliyordu. Bir gün, Julia, oteldeki restoranda bir karar verdi. Masasına oturduktan sonra, yanındaki masa onun dikkatini çekti. Orada göz alıcı bir karizmayla bir adam oturuyordu. O buraya Marco için gelmişti sabah Marco'nun yanına gidecekti ama bu adamla tanışmak istiyordu. Adam evliydi onlar ailecek yemek yiyorlardı ancak bu Julia'nın ona olan ilgisini azaltmadı. Marco'nun evli olduğunu henüz öğrenmemişti buraya sadece onu görmek için gelen kız iki adamı birden istiyordu. Yemek sırasında Julia ve bu adam, tesadüfen siparişlerinin karışması sonucu tanıştılar. Julia adamın nazik davranışından, güler yüzlülüğünden ve ilgisinden etkilenmişti. Sohbetleri, karşılıklı gülüşler ile devam etti. Julia, bu adamla tanışmasının etik olmadığını biliyordu ve kendisiyle mücadele ediyordu. Evli adamın yanında kalacağı, başka bir insanın mutluluğuna zarar verebileceğini biliyordu. Ancak kalbi aşkın tuzağına düşmüş ve hislerini kontrol etmek giderek zorlaşıyordu. Bununla birlikte, bu durumlar için beklenmedik bir macerayı başlattı. Julia sabah erkenden adamın yanından ayrıldı ve Marco ile buluşmak için yola koyuldu. Hayatının karmaşık bir döneminden geçen bir evli adamla olan ilişkisiyle yüzleşmek zorunda kaldı. Gittiği restoranda Marco onu bekliyordu fakat dün gece tanıştığı adam çocuklarıyla oradaydı. Ne yapacağını bilemeyen kız kendini suçlu hissetti. Bu karşılaşmayla Julia için bir dönüm noktası oldu. Yaşadığı bu deneyim kendisini daha iyi anlaması için bir fırsat sunuyordu. Hala burada olan Julia neden ülkesine dönmedi diye düşünürken o konuşmaya devam etti. Julia adamla konuşup ona Marco ile olan durumu anlatmıştı ve intikam almak için adamdan yardım istemişti. Adam bu teklifi kabul etmedi ve ailesinin yanına döndü. Julia bu arada sanal sohbet sayesinde bir adamla tanıştı ve ondan para istedi kızın konuştuğu adam kızı uzun süre tanımadığı halde kıza para gönderdi. Julia bu sayede hala buradaydı. Julia genç ve çekici bir kadındı. Bir gün, yaşlı bir adamla tanışmasıyla hayatı kökten değişti. Bu tanışma, ona beklenmedik bir fırsat sunacaktı yaşlı erkeklerin parasını almak. Malta'da yalnız ve hala macera aramaya devam eden bir kızdı. Aslında o ne aradığını da bilmiyordu. Julia, aslında oldukça zeki ve planlı bir kadındı. Ekonomik sorunlar vardı ve bu nedenle yaşlı bir erkeğin dikkatini çekme kararı verdi. Ağlayarak itiraf etti aslında bir işi yoktu. Yaşlı adam, Julia'nın güzelliğine ve gençliğine kapıldı. Julia ise onun zenginliğini hedefliyordu. Julia, yaşlı adamla ilgilenmeye başladı ona zaman ayırdı. Bu şekilde yaşlı adamın güvenini ve sevgisini kazanmayı başardı. Ancak Julia'nın asıl amacı, yaşlı adamların paralarını almak ve tüm servete sahip olmaktı. Planını adım adım uyguladı ve yaşlı adam maddi anlamda manipüle etmeye başladı. Ona farklı yatırım tavsiyeleri verdi ve onu kendi çıkarları doğrultusunda yönlendirdi. Bir süre sonra Julia yaşlı adamın kontrolünde servet harcamayı başardı. Yaşlı adam, Julia'nın gerçek niyetini anlayınca büyük bir hayal kırıklığı yaşadı. Julia birkaç gün sonra ülkesine dönecek fakat o şu an bile yan masada oturan adama bakıyor. Eğer o ayağa kalktığı zaman çıkıp giderse ülkesine döner. Telefonu ile meşgul olan bu kız sanal sohbet sitesinde genç bir doktor adam ile yazışıyor. Belki de onun gideceği yer Dubai **olacak.**

8. SİHİRLİ KOLYE

Julia benimle vedalaşıp kendi dünyasına dönmüştü. Masalara ve insanlara göz gezdiriyorum. Julia giderken müşterilerimi çalmış mı diye bakıyorum bu komik değildi ama ben tedirgin oldum. Biz sohbet ederken dışarıya çıkan çift hala dönmedi diye düşünürken kapı açıldı.

Müzik sesi eşliğinde, barın tezgahından biraz uzaklaşmışken, içeriye bir çift girdi. Masadan kalkıp çift geri dönmüştü. İçmeye devam edecek olan bu çift oldukça yorgundu. Birbirlerine dayalı bar taburesine oturan bu çift içeride boş masalar olmasına rağmen gelip buraya oturmuşlardı. Yorgundum ve ayağa kalkmak istemiyordum bu yüzden onların gelişine sevinmedim. Onlara yaklaşarak gülümseyerek 'Merhaba, nasıl yardımcı olabilirim?' diye sordum. Çift, yorgun ve hüzünlü bir şekilde bakışlarını bana çevirdiler. Çift, bir süre boyunca düşündükten sonra nihayet cevap verdiler. Sabah olmasına birkaç saat vardı yorulmaya başlamıştım. Kadın içeri girdiğimizde, burada biraz dinlenmeyi düşünmüştük ama çok farklı bir barınız var uzun zamandır buradayız dedi. Çiftin yorgunluklarını ve içlerindeki hüznü anlamış gibi hissediyordum. Burası ve kendimle ilgili birkaç şey söyledim damalı zemin ağaç dalları dekor ve en önemlisi ütopyaya gidiş zamanı hakkında konuştuk. Onlar bana sıcak bir gülümsemeyle yaklaştı ve 'Tabii ki, dinlemek için buradayız. Siz anlatın, biz dinleyeceğiz' dediler. Şaşırmıştım. Betty, bana yorgun bir gülümsemeyle baktı ve anlatmaya başladı. 'Biz aslında bir müzik grubuyuz. Amatör olarak müzik yapıyoruz. Her zaman birlikte gezmeyi, müzik yapmayı seviyoruz. Zaten evliyiz. Grubun diğer üyeleri şu an deniz kenarındalar. Ancak son zamanlarda şansımız dönmedi, hayal kırıklıkları yaşandı. Bu yolculuğumuz da bir tür kaçış oldu. Hayallerimize bir ara vermek için buradayız. Çiftin müzikle olan bağını artırmak ve onları cesaretlendirmek istedim. 'Emin olun, hayallerinizi gerçekleştirmek için daha fazla zamanınızın olduğunu düşünüyorum. Bu sözleri söylerken onlar için özel bir kokteyl hazırladım kare şeklindeki kâseyi önlerine koydum kokteyli içine boşalttım. Onlar şaşırdılar fakat sonra güldüler. Kadın benden önce davranarak dallara vurdu zil sesi çınlıyordu. Müzik sevginizi asla kaybetmek zorunda değilsiniz. Belki de burada tekrar bir araya gelerek kendinizi bulabilirsiniz dedim. Bu sözler karşısında derin bir nefes aldılar ve evet haklısınız belki de uzun bir süre boyunca heyecanımızı kaybettik. Burada dinlenirken, birlikte tekrar şarkılara hayat verebiliriz dediler. Çiftin içlerinde kaybolmuş olan müzik tutkularını canlandırmak için planlar yapmaya başladık. Onlar ile sohbet ederken müzikle ilgili yeni şeyler öğreniyordum. Bir süre sonra Betty size bir hikâye anlatmak istiyorum dedi ve o an anlamıştım ki yine bir hikâye dinleyecektim. Umuyorum ki bu sefer ki romantiktir.

Arnold ve eşi Betty beş yıldır evliydi. Birbirlerine olan sevgilerine rağmen, kendilerini sıklıkla önemsiz meseleler üzerinde hararetli tartışmaların içinde buluyorlardı. Çoğu zaman hızla barışıp yollarına devam ederlerdi, ancak bazen kavga beklenmedik bir hal alırdı. Arnold ve Betty yaklaşan tatil planları hakkında hararetli bir tartışmaya girdiklerinde yağmurlu bir öğleden sonraydı. Ukalalık yapıp benim yanıma gelmek için mi kavga ettiniz diye sormak istedim. Malta demek ben demek lütfen bunu öğrenin desem acaba ne olurdu? Anlaşmazlık büyüdü ve sözleri incitici bir hal aldı. Öfke ve hayal kırıklığından bunalmış hisseden Arnold, teselliyi dışarıda arayarak evlerinden dışarı fırladı. Arnold yağmurla ıslanmış sokaklarda amaçsızca yürürken aklı başka yerlere gitmeye başladı. Evliliğinin durumunu ve sürekli kavgalarının ikisini de nasıl etkilediğini düşünmeye başladı. O anda aklına rastgele bir fikir geldi ya görünüşünü değiştirip, aşklarını yeniden alevlendirmeyi umarak eşine sürpriz yapsaydı? Bence çok saçma. Arnold bu düşünceyi zihnine iyice yerleştirerek şehrin tenha bir yerindeki eski bir antika dükkanına girdi. Gizemli dükkân sahibi, Arnold'un ruhundaki derin kargaşayı hissederek onu selamladı. Her zaman akıllı ve sezgisel olan dükkân sahibi, ona tuhaf bir eşya teklif etti. Kolyeyi takan kişiyi istediği kişiye dönüştüreceğini vaat eden sihirli bir kolye. Şu an şaşkındım belli ki o zaman adamda ben gibi şaşırmıştı. Arnold ilk başta şüpheciydi ama denemeye karar verdi. Evliliğini kurtarmak için çaresizce kolyeyi taktı. Eşinin yeniden âşık olacağı biri olmayı diledi. Pandantif onu hayrete düşürecek şekilde parlamaya başladı ve onu parlak bir ışıkla sardı. (Askı kolye: Pandantif olarak da bilinir, kuyumculukta bilezik, küpe, özellikle de gerdanlık gibi takılardan sarkan süs eşyası). Işık azaldığında Arnold kendini yakındaki bir aynanın yansımasında tanıdık olmayan bir yüze bakarken buldu. Bir an için düşünmeye başladım acaba normal bir barım olsaydı müşterilerim normal insanlar olur muydu? Sadece fiziksel görünümü değil, kıyafetleri ve tavırları da değişti. Kendinden emin, çekici ve zahmetsizce nazik görünen bir adama dönüşmüştü. Yeni kimliğinden heyecan duyan Arnold, Betty ile tanışmasını dikkatle planladı. Kazara karşılaşma bahanesiyle yerel bir kafede onunla bir şans buluşması düzenledi. Neden bir insan beş yıllık evli olduğu eşi ile ilk defa karşılaşmaya çalışır. Onlar havadan sudan sohbet ederken Betty bu yabancıya ilgi duymadan edemedi. Onun karizması ve sıcaklığından, yani çalkantılı kavgaları sırasında gizlenen niteliklerinden büyülenmişti. Günler haftalara dönüştü ve Arnold, Betty'yi romantik randevulara davet ederek ve romantik yanını ona göstererek, yeni keşfedilen kişi olarak kendini ispat etmeye devam etti. İkisi yakınlaştıkça Arnold, Betty'nin ona olan sevgisinin yeniden alevlendiğini ve ilişkilerinin her zamankinden daha güçlü göründüğünü keşfetti. Ancak zaman geçtikçe Arnold yeniden alevlenen aşklarının temellerini sorgulamaya başladı. Gizli kimliğe dayalı aşkın hiçbir zaman gerçekten sürdürülebilir olmayacağını fark etti. Evliliklerini doğru şekilde kurtarmaya kararlı olarak sırrını Betty'ye açıkladı. Onun sır dediği kolyeydi. İlk başta şok oldu ve şüpheci oldu, ancak yavaş yavaş Arnold 'un dürüstlüğünü ve samimiyetini takdir etmeye başladı. Bu deneyim sırasında her ikisinin de ne kadar değiştiğini fark ederek evlilikleri üzerinde birlikte çalışmaya karar verdiler, kusurlarını gidermeye ve daha etkili iletişim kurmaya söz verdiler. Yolculuk kolay değildi ama Arnold ve Betty bu çetin sınavdan her zamankinden daha güçlü çıktılar. Açık iletişimin, anlayışın ve kabulün önemini öğrenmişlerdi. Birbirlerine olan yenilenen bağlılıklarıyla gerçek benliklerini kucakladılar ve gelecek yıllarda daha mutlu ve daha tatmin edici bir evlilik garantilediler. Hikâye uzadıkça tuhaf şeyler duymaya devam ediyordum. Onlar tatile değil balayına gelmişlerdi. Onlar kolyeyi aldıkları günden beri yeniden evlendiklerini düşünüyorlardı. Arnold ve Betty adında bir çift, uzun zamandır bekledikleri balayına çıkmaya karar verdiler. Arnold ve Betty'nin alışılagelmiş bir aşk hikayesi yoktu. İlişkileri sayısız engelle sınanmıştı.

Özgür ruhlu bir sanatçı olan Arnold, her zaman doğanın güzelliğinden büyülenmişti; pratik ve hırslı bir kadın olan Betty ise daha çok başarılı bir kariyer inşa etmeye odaklanmıştı. Farklılıklarına rağmen aşkları zamanla güçlenmişti ve artık nihayet rahatlama ve keşfetme yolculuklarına başlamaya hazırdılar. Bir an için onun eski anıları anlattığını düşündüm fakat o kolye olayından sonrasını anlatıyordu. Muhteşem tatil yerlerine vardıklarında, sakin turkuaz sular ve yumuşak kumlu plajlar onları karşıladı. Çift, şnorkelle dalış, gün batımı gezileri ve kıyı boyunca romantik yürüyüşler gibi çeşitli aktivitelere katılarak zamanlarını en iyi şekilde değerlendirmeye karar verdi. Bir akşam yıldızların aydınlattığı bir gökyüzünün altında oturup kumsaldaki mum ışığıyla aydınlanan bir masada yemek yerken Arnold, Betty'ye içten bir hediyeyle sürpriz yaptı. Umarım o hediye kolye değildir. Güzel hazırlanmış bir ahşap kutunun içinde, flört günlerinden düğün günlerine kadar birlikte yaptıkları yolculuğu tasvir eden zarif bir tablo vardı. Arnold'ın bu hareketi karşısında sevinçten coşan ve duygulanan Betty, aşkının derinliğini, anılarla ve mutluluklarla dolu bir hayat kurmak için yaptığı fedakarlıkları fark etti. Bu sevgi ifadesinden etkilenen Betty, onu kucaklamaya karar verdi. Birlikte canlı yerel kültürü keşfettiler, egzotik mutfağı tattılar ve kendilerini Malta'nın doğal harikalarına kaptırdılar. Keşifleri sırasında Arnold ve Betty ile kendi aşk hikayelerini paylaşan bilge yaşlı bir çiftle tanışırlar. Çift, iletişimin, uzlaşmanın ve her anın kıymetini bilmenin önemini vurguladı. Bu karşılaşmadan ilham alan Arnold ve Betty birbirlerine bir söz vermeye karar verirler: Hayatın zorluklarının aşklarına gölge düşürmesine asla izin vermeyecekler. Önlerine çıkabilecek her türlü engelle birlikte mücadele etmeye yemin ettiler. Ve onlar kalkıp gittiler artık kapanış vaktiydi. Benim sihirli bir kolyem yoktu ben gidip uyumalıydım.

Balayının sona ermesiyle Arnold ve Betty, ömür boyu unutamayacakları anılarla evlerine döndüler. Sevginin gerçek özünü, zorlukların üstesinden gelme ve zamanla güçlenme yeteneğini keşfetmişlerdi. Böylece Arnold ve Betty, el ele, hayatın iniş çıkışlarıyla yüzleşmeye hazır, ölümsüz bir sevgi, güven ve aşklarının hayatın önlerine çıkardığı her şeye dayanabileceğine dair ortak bir anlayışla her yeni maceraya atılarak yolculuklarına devam **ettiler.**

9. İKİ KIZIN ASYA SERÜVENİ

Kentin en popüler barlarından birinde çalışıyorum ve her zaman olduğu gibi yine müşterilerle dolu bir gece geçirmeyi umuyorum. Bugün de bara geldim ve her gün ki gibi hazırlıklara başlamam gerekiyor. Bazen bir yardımcıya ihtiyaç duyduğumu hissediyorum. Bugün barı açmak için erkenden geldim ve öncelikle tüm masaları düzelttim. Sandalyeleri yerleştirdim. Ardından da bar tezgahını temizledim ve içerideki bardakları kontrol ettim. Bu sırada birisi içeri girdi. Gelen kişinin tanıdığım bir yüz olduğunu fark ettim ve hemen selamladım. Bu kişi, otelin sahibi ve aynı zamanda benim arkadaşımdı. Hemen ona bir kahve yapmaya başladım ve otelin sahibiyle sohbete devam ettim. Saatler ilerledikçe bar kapılarını açtı ve ilk renkler değişmeye başladı. Işıkların renkleri yine göz alıcıydı. Altmış yaşlarında olan orta boylu beyaz saçlı bir adam ve renkli gözlü dalgalı saçlı kadın içeriye girdiler. Hemen hemen aynı yaşta olan bu çift kapıyı kapattıkları andan itibaren farklı bir dünyaya adım atmışlardı. Zaten benim amacım ve bu barın burada olma sebebi buydu. İnsanlar buraya girdiklerinde farklı bir yere geldiklerini hissetsinler istiyorum. Onlar bara girer girmez benzersiz atmosferden etkilendiler. Alıştıkları sıradan barlara göre hoş bir yerdi burası. Yüksek sesli müzik ve kalabalık alanlar yerine bu barın rahat ama canlı bir havası vardı. Yürürken çevreyi inceleyerek pencerenin yanındaki bir masaya doğru ilerlediler. Loş aydınlatma ve rahat oturma düzenlemeleri bara rahat ve samimi bir hava katıyordu. Bu düzeni sağlamak için çok emek harcamıştım. Duvarlar mekânın genel cazibesine katkıda bulunan Vintage posterler ve tablolarla süslenmişti. Çift, koltuklarına yerleştiklerinde bardaki kalabalığı fark etmeden edemediler. Her yaştan ve her kökenden insan vardı ve hepsi eğleniyor gibi görünüyordu. Bazıları derin sohbetlere daldı, bazıları ise masa oyunları oynadı ya da sadece içkilerini yudumlayıp ortamın tadını çıkardı. Onların masalarına yaklaştım ve onlara geniş bir kokteyl seçkisinin yer aldığı bir menü verdim. Çift, çeşitlilikten etkilendi ve birkaç farklı içecek denemeye karar verdi. İçeceklerini beklerken yan masada oturan çiftle sohbet etmekten kendilerini alamadılar. Yıllardır barın müdavimi olan ve deneyimlerini paylaşmaktan mutluluk duyan arkadaş canlısı bir çifttiler. Onlar beni ve barı çok seviyorlardı tatil için buraya geldikleri zaman onlarla oturur konuşurduk. Onlar eğlenirken kapı tekrar açıldı ve neşeli oldukları belli olan iki genç kız içeriye girdi. Onlar çok geçmeden bu barın sadece içki içilebilecek bir yer olmadığını, bir topluluk olduğunu öğrendiler. Birbirlerini tanımayan insanlar birlikte oturuyorlardı. Bazı masalarda insanlar tartışıyordu. Sohbet eden ve zilleri çalan genç insanlar vardı. Ben her zaman ki gibi çalışıyordum siparişleri hazırlıyordum. Onlar oturmak yerine bir süre ayakta durarak etrafı seyrettiler. Bardaki boş taburelere oturarak samimi bir gülümsemeyle beni selamladıktan sonra isteklerini söylediler. Onların bu samimi tavırları bana da iyi gelmişti. Kızlardan bir tanesi menüyü okuyordu diğeri ise dalları merakla inceliyordu. İçecekleri önlerine geldi ve çift hayal kırıklığına uğramadı. Kokteyller taze malzemelerle ustalıkla hazırlandı. İçeceklerin kalitesinden ve güler yüzlü hizmetten etkilenerek kadehlerini birbirlerine kaldırdılar. Gece ilerledikçe çift birbirleriyle sohbete daldılar. Kendilerini barın rahat ve davetkar atmosferinin tadını çıkarmış halde buldular. Beklenen an geldi saat gece yarısı olmuştu ve müziğin sesini kıstım. Işıkları renkleri değişti her zaman olduğu gibi içerde bir sessizlik oluştu. Sessizliği özlemiştim bugün oldukça hareketli insanlar vardı. Yerlerine oturan üç erkek ve iki kız yorulmuş görünüyorlardı. Onlar bara geldikleri andan beri oturmamışlardı. Onlar için hazırladığım soğuk içecekleri vermek için zillere dokundum. Adamlardan bir tanesi koşarak yanıma geldi ve ustalıkları tepsiyi aldı. Belli ki onun mesleği garsonluktu veya o tecrübeli birisiydi. Elimdeki bardağı sildikten sonra bir an için etrafa baktım. Halinden memnun olmayan kimse yoktu. Zamanla yeni insanlar geliyordu içerideki insanlar gidiyordu. Onlar gitmeden önce yanıma gelip teşekkür ediyorlardı onların bu davranışı benim kendimi iyi hissetmeme sebep oluyordu. Önümde oturan kızlardan bir tanesi bana dönerek ismini söyledi. Alkolün etkisiyle zor konuşan kız arkadaşına bakarak bizim bir hayalimiz vardı hatırlıyor musun diye sordu. İkisi de gülmeye başladı. Danimarkalı olduklarını öğrendiğim bu kızların isimleri Agneta ve Almira. Onlar buraya gelmeden önce tatil için Çine gitmişlerdi. Onların maceracı bir ruhları vardı ve onlar gezmeyi seviyorlardı. Agneta uyuklamaya başlarken Almira bana tatilde yaptıklarını anlatmaya başladı. Galiba bugün ki hikâye onların hikayesiydi. Onları memnuniyetle dinlemeye başladım.

İki kız arkadaşın hayallerindeki tatil Çin'de gerçekleşmişti. Asya ülkesinin tarihi ve kültürel zenginliklerine tanık olmak, egzotik yemekler yemek ve alışveriş yapmak için bu ülkeyi seçmişlerdi. Ancak, tatillerinin dönüm noktası bekledikleri gibi olmayacaktı. Agneta ve Almira, yıllardır arkadaş olan iki genç kızdı. Üniversitede tanışmışlar ve o günden beri birbirlerinden ayrılmamışlardı. İkisi de aynı bölümde okuyor ve aynı hobileri paylaşıyorlardı. Dünyayı gezmek de onların ortak hayaliydi. Bu yüzden, lise yıllarından beri her yıl birlikte yeni bir ülkeyi keşfetmeyi planlıyorlardı. Agneta ve Almira, yıllardır arkadaş olan iki genç kızdı. Üniversitede tanışmışlar ve o günden beri birbirlerinden ayrılmamışlardı. İkisi de aynı bölümde okuyor ve aynı hobileri paylaşıyorlardı. Dünyayı gezmek de onların ortak hayaliydi. Bu yüzden, lise yıllarından beri her yıl birlikte yeni bir ülkeyi keşfetmeyi planlıyorlardı. Bu yılki rotaları, son zamanlarda giderek popülerleşen ve merak ettikleri Çin'deydi. Heyecanla valizlerini hazırladılar ve uçak bileti aldıktan sonra yola koyuldular. Bekledikleri gibi, Çin'de birçok farklı kültürle karşılaştılar. Milyonlarca insanın yaşadığı, köklü bir geçmişe sahip olan bu ülkenin sokaklarında yürüyen Agneta ve Almira, adeta zaman yolculuğuna çıkmış gibi hissediyorlardı. İlk günlerinde Şanghay'ı gezdiler. Modern ve gelişmiş kent dokusunun yanı sıra geleneksel Çin mimarisine sahip eski şehirlerin de varlığı onları çok etkilemişti. Bunun yanı sıra, ünlü Birinci Uzun Duvarı'nı ziyaret ettiler ve eşsiz manzarası karşısında büyülendiler. Hatta bir akşam yemeğinde, baharatlarla dolu bir Çin restoranında buldukları lezzetleri hiç tatmamışlardı. Ancak, tatilleri ne yazık ki planladıkları gibi gitmeyecekti. Bir gün, Almira ortadan kayboldu. Agneta, onunla ayrılmamaları gerektiğini biliyordu ama Almira'nın peşine koyulmaları gerektiğini de hissediyordu. Almira'yı aradı ama telefona cevap vermiyordu. Hava kararmaya başladığında, çaresizce onu aramaya devam ettiler ama sonuç alamadılar. Polis merkezine gitmeye karar verdiler. Şanghay polisinden yardım istediklerinde, onlardan Almira'nın fotoğrafını ve gitmek istedikleri son yerleri istediler. Çok geçmeden, Almira'nın bir gece kulübüne gittiğini ve burada bir grup erkekle yerel alkol türü Baijiu içtiğini öğrendiler. Polis, Almira'nın güvenliğinden endişelendiklerini ve onun telefonunu takip etmeye başladıklarını söyledi. Ancak Almira'nın telefonu hala açıktı ve konumu bilinmiyordu. Bu durum, Agneta için çok korkutucuydu. Almira, onun en iyi arkadaşı ve aynı zamanda tek ailesiydi. Çok yakın bir zamanda, Almira'nın ebeveynleri hayatını kaybetmişti ve o zamandan beri Agneta onun yanından hiç ayrılmamıştı. Almira'nın başına bir şey gelmesinden korkuyordu. Birkaç saat sonra, polis Almira'nın bir hastaneye götürüldüğünü söyledi. Agneta, hemen hastaneye gitti ve Almira'nın bilincini kaybetmiş bir halde yatarken onu gördü. Bir grup erkek tarafından uyuşturulmuş ve zorla bir eve kapatılmıştı. Almira'nın başından kötü bir olay geçmişti ancak en azından sağ salim bulunmuştu. Polis, onların bu duruma düşmemeleri için sıkı önlemler aldı ve Agneta'nın endişesini hafifletmeye çalıştı. Almira, birkaç gün sonra taburcu edildi. İki kız arkadaşın Çin'deki tatili planladıkları gibi geçmemişti. Ancak bu olay, onlara arkadaşlık ve güven gibi değerli şeyleri hatırlatmıştı. Başlarından geçen bu olay ürkütücüydü fakat Almira halinden memnundu. Birkaç kişi geldiği için yanlarından ayrılıp diğer insanlar ile ilgilendim. Tecrübelerim hikâyenin devamı olduğunu söylüyordu işimi bitirip onların yanına gitmek için can atıyordum. Agneta ve Almira aylardır Çin'e bir gezi planlayan iki yakın arkadaştı. İlk başta maceralı birkaç gün geçirmiş olsalar da onlar bu ülkeyi gezmek istiyorlardı. İkisi de bu büyüleyici ülkenin zengin kültürünü keşfetmenin, leziz yemeklerinin tadına bakmanın ve güzel manzaralarını görmenin heyecanını yaşadı. İki arkadaş Çin'in şehirlerini gezmek için bir tur otobüsüne binmek için hazırlık yaptılar. Çin'in. Her ikisinin de heyecandan başı dönüyordu ve maceralarına başlamak için sabırsızlanıyorlardı. Onlar ilk durak olan Pekin'e vardıklarında heyecanlı bir şekilde otobüsten indiler. Bir kafeye girip oturdular ikisi de mutluydu bir süre etrafı izlediler. Bir anda Agneta'nın çığlığı duyuldu korkunç bir şeyin farkına vardılar çantaları yoktu. Panik başladı ve iki arkadaş çılgınlar gibi her yerde çantalarını aradılar. Kafe personeline sordular, masanın altını kontrol ettiler. Ağnata ve Almira perişan haldeydi. Tüm kıyafetlerini, paralarını ve pasaportları ile vizeleri gibi önemli belgelerini kaybetmişlerdi. Hemen yetkililerle temasa geçerek kayıp çantaları bildirdiler. Kafe personeli çok yardımcı oldu ve iki arkadaşa yardımcı olmak için ellerinden geleni yaptılar. Ayrıca durum hakkında bilgi vermek için evdeki aileleriyle de temasa geçtiler. Agneta ve Almira'nın kalbi kırılmıştı ve rüyalarındaki yolculuğun bir kabusa dönüştüğünü hissediyorlardı. Tüm bu kaosun ortasında birbirlerine minnettardılar. Birbirlerini destekleyip teselli ediyorlardı, bu da durumu biraz daha katlanılabilir hale getiriyordu. Ayrıca birbirlerine sahip olduklarının ve bunun her türlü maddi mülkiyetten daha önemli olduğunun farkına vardılar. Sonraki birkaç günü karakola giderek, evrakları doldurarak ve kayıp eşya departmanlarını kontrol ederek geçirdiler. Ancak çantaları hâlâ kayıptı ve iki arkadaş umutlarını yitirmeye başlamıştı. Çantalarının gittiğine inanamadılar ve yanlarında hiçbir eşya olmadan yolculuklarına nasıl devam edeceklerine dair hiçbir fikirleri yoktu. Ancak dedikleri gibi, her kara bulutun bir umut ışığı vardır. Durumlarını duyan bir grup yerli, Agneta ve Almira'ya yaklaştı. Bu nazik yabancılar, iki arkadaşı yeni kıyafetler almaya götürmeyi teklif ettiler ve hatta onlara biraz borç bile verdiler. Ayrıca yeni pasaport ve vize almaları için gerekli düzenlemelerde de onlara yardımcı oldular. Agneta ve Almira onların cömertliği karşısında şaşkına döndüler ve yardımları için minnettar oldular. Çevredekilerin yardımıyla iki arkadaş yolculuklarına devam edebildi. Çin Seddi, Yasak Şehir ve Terracotta Ordusu gibi ünlü yerleri ziyaret ettiler. Ayrıca farklı yerel mutfakları denediler ve kendilerini Çin'in canlı kültürüne kaptırdılar. Planladıkları gezi bu değildi ama unutulmaz bir deneyime dönüştü. Agneta ve Almira yolculuklarını düşünürken bazen işlerin planlandığı gibi gitmediğini ve bunun sorun olmadığını fark ettiler. Öngörülemeyen koşullara uyum sağlamayı ve durumdan en iyi şekilde yararlanmayı öğrendiler. Ayrıca, destekleyici bir arkadaşa sahip olmak ve yabancıların nezaketi gibi hayattaki küçük şeyler için minnettar olmanın önemini de öğrendiler. Kaybolan çantaları en sonunda bulundu, ancak o zamana kadar Agneta ve Almira yolculuklarının çoğunu çoktan yapmışlardı. Değerli anılarla ve Çin halkına ve kültürüne karşı yeni bir takdirle döndüler. Ayrıca değerli bir ders de aldılar: Seyahat ederken gözlerinin her zaman eşyalarına dikkat etmesi. Sonuçta Agneta ve Almira'nın Çin gezisi planladıkları gibi gitmemiş olabilir ama onlara değerli dersler veren ve dostluklarını güçlendiren bir yolculuktu. Bazen en iyi deneyimlerin en beklenmedik durumlardan geldiğini hatırlattı. Neşeli kızların güzel ve maceralı bir tatil anıları vardı. Bardaki insanlar hallerinden memnun görünüyorlardı. Bu çılgın kızlar için kokteyl hazırladım ve onlara ikram ettim. Onların sayesinde kısa ama eğlenceli bir hikâye dinlemiştim. Onlarla vedalaştım ve gittiler onların arkasından bakmaktan kendimi alıkoyamadım onlar henüz kapıya ulaşmamışken etrafı kontrol ettim. Onların yine çantalarını unutmasını **istemiyordum.**

10. DANSÇI KIZ

Zaman ilerlerken gözüm büyük masada oturan kıza takıldı. O uzun bir süreden beri tek başına oturuyordu. Vücuduna bakacak olursak sporcu olduğu her halinden belliydi. Uzun boylu sarışın düzgün bir fiziği olana bu kız telefonuyla meşgul oluyordu ve çalan müziğe ayak uyduruyordu. İşime odaklanmayı tercih ettim bugün oldukça yorulmuştum.

Ama iyi vakit geçirmiştim. Aklımda olan birkaç şeyi not edip boşalan şişeleri depoya götürmek için bardan ayrıldım. Geri döndüğüm zaman beni bekleyen kız gülümsedi ve dikkatli bir şekilde oturdu. Gözleri çok güzel ve ışıl ışıl olan bu kız bakımlı ve kibar bir kızdı. O bir kahve sipariş etti şaşırmıştım normal zaman diliminde hiç kimse kahve içmek istemezdi. O ve kendim için Espresso hazırladım. Daha önce hiç bu saatte kahve içmemiştim o kahvesini içerken eliyle ritim tutuyordu. Bir süre sonra bana seslendi ve biliyor musun bende barmaid olarak çalıştım dedi. Sevinmiştim ona şu an ne tür bir işte çalıştığını sorduğum zaman şaşırmadım. O dansçı bir kızdı onun dansçı olduğunu vücudunu gördüğüm zaman tahmin etmiştim. Bu kelimeyi kendime söylesem de bu bir yalandı ben onu sadece sporcu ve düzgün vücutlu birisi sanmıştım. İsminin Olivia olduğunu öğrendiğim bu kız müzik dinlemeyi ve dans etmeyi seviyor olmalıydı. Olivia yanıma geldiği andan itibaren durmamıştı o hep şarkı söyleyip dans ediyordu. Bir süre gelip giden müşteriler ile ilgilendikten sonra Olivia'nın yanına gittim. O bana kendi videolarını gösterdi o gerçekten başarılı bir dansçıydı. Arizona da doğup büyüdüğünü öğrendiğim zaman Arizona'nın nerede olduğunu sorma ihtiyacı hissettim. Amerika'da olduğunu biliyordum ama emin de değildim. Tahmin ettiğim gibi Amerikalı olan Olivia buraya bir arkadaşını görmek için gelmişti. Bir haftalık tatil planı yapan

Olivia iki gün sonra evine dönecekti. Kibar, hoş sohbet, havalı bir kızdı. Zaman zaman onun bana baktığını fark ediyordu o yalnızdı ve benimle sohbet etmek istiyordu. Peki bu kızda bir hikâye anlatır mı onu bilemiyorum. Bu hafta dinlediğim birçok hikâye vardı aklımda kalanlar en ilginçleriydi. Şişman adam, kumarbaz Paolo, gezgin adam beni çok etkilemişti. İşim bitmişti ve ona yaklaştım elimdeki kahveyi onun önüne bıraktım o çok sevindi gözleri parlıyordu. Arizona'dan başlayan ve zamanla bütün ülkede dans gösterileri yapan bu kızın hikayesi ilginçti. Bir süre sonra bana meraklı olup olmadığımı sordu. İşim gereği dinleyiciyim ama hiç kimseye gidip bir şey sormam dediğim zaman o güldü. Bu cevap onun hoşuna gitti ve o anlatmaya başladı. Bu kızın hikayesi umarım güzeldir.

Olivia, küçük ama huzurlu bir kasabada yaşayan bir barmaiddir. Her gün, yerel barda çalışır ve müşterilere içecek servisi yapar. Olivia, müşterilerine güler yüzü ve cana yakınlığı ile tanınır ve sık sık onlarla sohbet eder. Günlerinin çoğu, barda çalışarak ve insanlarla vakit geçirerek geçer. Onun kendini bir hikâye gibi anlatması beni güldürmüştü. Yaşıyordum, çalışıyordum gibi cümleler beklerken o hikâye tarzında anlatıyordu. İş hayatında başarılı olan Olivia, her zaman yoğun bir tempoda çalışıyor ve stresli bir hayat yaşıyordu. Bu yüzden de hafta sonu kaçamakları onun için oldukça değerliydi. Bu kaçamaklarda ise en sevdiği şey, yakın arkadaşlarıyla bir araya gelip sohbet etmekti. Bir hafta sonu yine yakın arkadaşlarıyla buluşmak için plan yapan Olivia, bu sefer farklı bir yerde buluşma önerdi. Genellikle şehir içindeki kafelerde buluşan grup, bu sefer biraz daha değişik bir ortamda bir araya gelmeyi istiyordu. Şehir merkezine uzak bir yerde, doğanın içinde yer alan bir kafeydi. Olivia, bu mekânın sakin ve huzurlu atmosferinde arkadaşlarıyla keyifli bir sohbet etmek istiyordu. Hafta sonu geldiğinde, Olivia ve arkadaşları gittiler. İçeri girdiklerinde doğanın tüm güzellikleriyle karşılaştılar. Kafe, yeşillikler ve ağaçlarla çevrili küçük bir gölün kenarındaydı. Masaların üzerinde rengarenk çiçekler ve mumlar vardı. Olivia, arkadaşlarını bu güzel ortamda karşıladı ve onlara birer kahve söyledi.

Kahvelerini alıp masalarına oturan arkadaşlar, çevrenin sessizliğini ve doğanın güzelliğini hayranlıkla izlediler. Olivia, bu sessizliği bozmak için ilk adımı attı ve sohbet etmeye başladı. Arkadaşlarıyla birlikte iş hayatlarında yaşadıkları zorlukları, hayatın anlamını, gelecek planlarını konuştular. Zamanın nasıl geçtiğini anlamadan hem birbirlerine destek oldular hem de gülmekten karnı ağrıdı.

Masadaki sohbetleri bitirdiklerinde, Olivia ve arkadaşları göl kenarında yürüyüş yapmaya karar verdiler. Orada bir göl var mı yoksa yapay bir göl mü bunu anlamamış olsam da dinlemeye eşlik ettim. Acaba Arizona'da ağaçlarla çevrili bir göl var mı? Kafe sahibi, göl kenarında keyifli bir bankın olduğunu söyleyince hemen oraya doğru yöneldiler. Bankta oturup doğanın güzelliğini izlerken, arkadaşlar arasındaki bağın daha da güçlendiğini hissettiler. Olivia, bu sakin ve huzurlu ortamın arkadaşlarına çok iyi geldiğini fark etti. Akşam olunca, kafeden ayrılmaya karar verdiler. Olivia, arkadaşlarına bu farklı ve güzel mekânı önerdiği için çok mutluydu. Arkadaşları da ona teşekkür etti ve bir sonraki buluşmada yine burada bir araya gelmeyi planladılar. Dayanamayıp gölün adını sordum çünkü hala emin değildim. Onun bana verdiği cevap içimi rahatlatmıştı. Lake Havasu City burayı hiç görmemiştim ilerleyen zamanda oraya gitmek isterdim. İçeceğini bitiren güzel kız neşeli ve heyecanlı şekilde konuşmaya devam etti. Eve dönerken o çok mutluydu huzurluydu ve enerji doluydu. Onun aklında her zaman dans olmasına rağmen bu aralar bir adamı düşünüyordu. O arkadaşlarına söyleyememişti ama Olivia aslında o adamı görmek umuduyla oraya gitmişti. Onun çalıştığı bara gelen adam dansla ilgileniyordu ve o bekar bir adamdı. Olivia'ya o adamı tekrar görmek umuduyla yolda yürürken iş yerine gelmişti. O şimdilik her şeyi unutup işine odaklanmayı seçerek işe koyuldu. Bu yoğun günde barda çalışırken, Olivia'nın dikkatini masada oturan bir adam çeker. Adam, kasabanın dışından gelmiş gibi görünür ve sessizce bir içki içmektedir. Olivia, onun yalnız görünmesinden rahatsız olur ve onunla sohbet etmek istediğini düşünür. Ancak, işinin yoğunluğundan dolayı, onunla konuşmaya fırsatı olmaz. Adam yanına gelir ve oturur Olivia, onunla konuşmak için bir fırsat bulur. Adamın adının David olduğunu öğrenir ve gerçekten de kasabaya yeni taşınmış olduğunu öğrenir. Olivia, onun hakkında daha fazla bilgi edinmek için onunla konuşmaya devam eder. David, Miami'de bir gece kulübünün sahibidir ve bir arkadaşını ziyaret etmek için kasabaya geldiğini söyler. Olivia, onun hakkında daha fazla şey öğrenmekten ve onunla sohbet etmekten keyif alır. Birkaç gün boyunca, Olivia ve David barda sık sık karşılaşırlar ve kısa sürede iyi arkadaş olurlar. David, kasabaya alışmaya ve yeni çevresine uyum sağlamaya başlar. Olivia ise onunla birlikte zaman geçirmekten ve onun hikayelerini dinlemekten keyif alır. David'in ilginç hayat deneyimleri ve farklı kültürlerle tanışma fırsatı, Olivia'nın sıkıcı gündelik rutininden sıyrılmasına yardımcı olur. Bir gün, Olivia'nın patronu ona izin verir ve David ile birlikte kasabayı keşfetmeye çıkarlar. Birlikte, kasabadaki en güzel manzaralardan birinde bulunan bir parkta oturarak sohbet ederler. Olivia, David ile geçirdiği zamanın çok keyifli olduğunu ve onunla zaman geçirmenin ona yeni bir bakış açısı kazandırdığını fark eder. David'in farklı kültürlerden gelen insanlarla olan tecrübeleri, Olivia'nın dünyaya bakışını genişletir ve yeni şeyler öğrenmesine yardımcı olur. David, Olivia ile tanıştığından beri kasabada kalmıştır ve artık onun için bir yabancı değildir. İkisi de birbirlerinin hayatına değerli bir dost olarak girmiştir. Olivia artık onunla tanıştığı için çok mutludur ve onunla birlikte vakit geçirmekten büyük keyif alır. Sonunda, David'in kasabadan ayrılması gerekir. Olivia, onun ayrılacağı günü üzüntüyle karşılar. David ona kendisiyle gelmesi teklifini yapar. Beraber geçirdikleri günlerde o Olivia'nın dansını görmüş ve çok beğenmiştir. Birkaç kez Olivia'yı kendisiyle gelmesi konusunda desteklemiştir. Kız o gece uyumamış ve sabaha kadar düşünmüştür o dans etmeyi çok seviyor ama eğer giderse ailesinden ayrılacaktır. O kararsızdır ve en sonunda gitme fikrini ailesi ile paylaşır. Sonuç olarak cesaretini toplayan Olivia David ile gider. Bu onun için bir dönüm noktası olmuştur. Profesyonel dansçılar ile çalışıp onlar sayesinde kendini eğitmiştir. Zamanla gece kulübünde otellerde sahneye çıkmaya başlamış hayallerine kavuşmuştur. Malta'ya iş görüşmesi içi gelmiş eğer o işi kabul ederse burada kalacaktır. O yine kararsız o David'i bırakmak istemiyor. Önceden ailesini bıraktığı dans için şimdi de David'i bırakmak ona iyi bir davranış gibi gelmiyor. Hayallerinin peşinden koşan kız cesaret edip buraya kadar gelmişti ama geri gitmek mi daha iyi yoksa dans etmek mi emin olamıyor. Umarım o başarılı olmaya devam eder. Bir an için o günü hatırlıyor kafeye gittiği gün görmek istediği adam o gün orada olsaydı Olivia onunla birlikte New York'a gitmeyi hayal ediyordu. Ama adamın bundan haberi bile yoktu. Bugüne kadar Olivia'nın en iyi dostu her zaman yanında olan onun dansçı olmasında katkısı bulunan David'di. Olivia'ya onu bırakıp Malta'ya gelme fikrinin saçma olduğunu anladı ve burada durmadan yoluna devam **etti.**

11. ÇAPKIN JOHN VE EMMA

Güneş batarken ve saat akşama yaklaşırken, barmen bu gece barda özel bir kutlamaya hazırlanıyor. En sevdiğim elbiseyi giyiyorum, hafif bir makyaj yapıyorum ve görünümümü bir gülümsemeyle tamamlıyorum. Evet, bugün özel bir gün ve bunu herkes için unutulmaz kılmak istiyor. Uzun süredir bu barda çalışıyorum kutlamalardan ve etkinliklerden payıma düşeni gördüm. Ama bu gece farklı, sıradan bir gece değil. Bu bir kutlama gecesi, hatırlanması gereken bir gece ve bunu mükemmel hale getirmem gerektiğini biliyorum. Her şeyin yerli yerinde olduğundan ve barın temiz ve ışıl ışıl olduğundan emin olarak hazırlıklarıma başladım. Etrafıma baktığım zaman heyecanın arttığını hissedebiliyorum. Dekorasyonlar tamamlandı, ışıklar kısıldı ve müzik çalmaya başladı. Bar, yakında akın etmeye başlayacak konukları karşılamaya hazır. Ben, gecenin başarısının güzel bir ortama bağlı olduğunu biliyorum ve kutlama için mükemmel ortamı yaratmaya kararlıyım. İçecek stoğunu kontrol ederek ve her şeyin yolunda olduğundan emin olarak işe başlıyorum. Şu anda çalışıyor muyum yoksa çalışmaya yeni başlayacağım bilmiyorum. Başarılı bir gece için çok çeşitli içeceklerin gerekli olduğunu biliyorum. Biralardan kokteyllere kadar barın herkesin en sevdiği içeceklerle dolu olmasını sağlıyorum. Ayrıca bardakların temiz ve parlak olmasını, en kaliteli içeceklerle doldurulmaya hazır olmasını da sağlıyorum Daha sonra menüyü kontrol etmeye başlıyorum. Bar güzel ve özel kokteyller ile tanınıyor ve bu gece de farklı değil. Gün boyunca kutlama için özel içecekler hazırlamak için zaman harcadım ve her birine kendi kişisel becerimi kattım. İyi hizmet sunmak mutlu ve memnun bir kalabalığın olduğunu bilmektir. Misafirler gelmeye başladığında onları sıcak bir gülümsemeyle karşılıyorum ve kendilerini evlerindeymiş gibi hissetmelerini sağlıyorum. Bugün çok şık görünüyorum aylar öncesinden bu elbiseyi almıştım. İyi bir kutlamanın misafirlerin kendilerini rahat ve sıcak hissetmelerini sağlamak olduğunu biliyorum. Siparişleri alıyorum, içki servisi yapıyor ve herkesin iyi vakit geçirmesini sağlıyorum. Gece boyunca barmen sürekli ayakta duruyorum ve her şeyin yolunda gitmesini sağlıyorum. Ayakta beklemek zaten benim işim buna alışkınım ama bu gece özel bir gece. Misafirleri kontrol ediyor, içkileri yeniden dolduruyor ve büyüleyici kişiliğimle ortamın ruhuna katkıda bulunuyorum. En azından böyle olduğunu düşünüyorum. Büyüleyici bir kişiliğim olmaya bilir ama bu gece olsa iyi olur. Sonuç olarak, barmaid olmak sadece içecek servisi yapmak değil, herkes için unutulmaz bir deneyim yaratmaktır. Barmaid 'in hazırlıkları ve sıkı çalışması kutlamanın başarıya ulaşmasını sağlar. Detaylara olan ilgisi ve sıcak tavrı, misafirlere kendilerini özel hissettirmesi bir işletmenin özel olduğunun kanıtıdır. Bu gecenin önemi şu ki bu kadar insan doğum günü partisi için buraya toplandı. Geçen gün kahve ikram ettiğim otelin sahibi olan arkadaşımın doğum günü partisi var. O bana bir parti organize etmek istediğinden bahsetmişti. Genelde o yoğun olarak çalışan birisidir ve arkadaşlarına zaman ayırmaz bu yüzden bu geceyi çok önemsiyor. Uzun boylu kıvırcık saçlı olan zayıf olan Carlo bir İtalyan ve o yıllardır burada yaşıyor. Onun birçok arkadaşı var o çok sevilen birisi. Siyah bir takım elbise beyaz gömlek giymiş olan ve kırmızı renkli bir papyonu olan Carlo adeta bir manken gibi görünüyor. O misafirleri ile tek tek ilgileniyor oldukça neşeli ve kibar olan bu adam bir dakika olsun oturmadı. Bir an dikkatimi kapıya verdim bugün doğum günü partisi nedeniyle kapı açıktı. Bir adamın barın kapısından içeri girdiğini hayal edin. Belki de onun kim olduğunu ya da oraya neden geldiğini bilmiyorsunuz. Ancak, onun işletmenize adım atmasını izlemek, sizlere farklı duygular uyandırabilir. Öncelikle, bir adamın barın kapısından içeri girdiğinde hissedilen ilk duygu merak olabilir. Hoş bir sürpriz ya da beklenmedik bir ziyaretçi olduğu düşüncesi, kalp atışlarınızı hızlandırabilir. Kim olduğunu merak edersiniz ve ne amaçla geldiğini düşünürsünüz. Aynı zamanda biraz endişeli ve tedirgin de olursunuz, çünkü kapınızın önünde duran bu adam hakkında bilginiz yoktur. Adamın adım adım ilerlediğini gözlemlediğinizde, duruşundan ya da yüz ifadesinden onun nasıl bir kişi olduğunu anlamaya çalışırsınız. Farklı ihtimaller aklınızdan geçer, belki bir tanıdık ya da akrabadır. Ya da tamamen yabancı birisi olabilir. Heyecan, endişe ve merak birbiriyle karışırken, adam size yaklaştığında kalbinizdeki heyecan daha da artar. Özetle, bir adamın barın kapısından içeri girdiğinde, sizlere farklı duygular ve düşünceler uyandırabilir. Kim olursa olsun, onun geldiği gibi gideceğine emin olmasanız da bu beklenmedik ziyaret sizi farklı bir dünyaya götürebilir. Sonuçta, hayatın beklenmedik sürprizlerle dolu olduğunu hatırlatır ve kapınızın her zaman dostlara açık olduğunu gösterir. Masalara bir göz attığımda adamın yüzünde hüzünlü bir ifade gördüm. Çok uzun zamandır buradaydım ve bu adamı hiç görmemiştim. İçeriye girdiği zaman herkesin dikkatini üzerine toplayan bu adamın bir yere oturduğunu gördüm. Hayatın akışı içerisinde yalnız kalmak birçok insan için korkunç bir düşünce olabilir. İnsanlar doğası gereği sosyal varlıklardır ve başkalarıyla iletişim kurmaya ihtiyaç duyarlar. Daha da önemlisi, insanların hayatı boyunca birçok farklı insanla tanışması, sohbet etmesi, görüş alışverişinde bulunması ve yeni şeyler öğrenmesi gerekir. Fakat bu adam telaşlı bir şekilde etrafı izliyordu ve barın karanlık bölgesinde oturmayı tercih etmişti. O birisinden kaçıyor gibiydi. Özgüvenli bir şekilde yanına gittim ve kendisine nasıl olduğunu sordum. Kısa boylu, şişman, kel olan bu adam bir süre durduktan sonra gülümsedi ve konuşmaya başladı. Onun sesi titriyordu.

Bana hayatının sıkıcı olduğunu ve kendisinin yalnız olduğunu söyledi. Bugün özel bir gündü ve ütopya'ya gitmek isteyen hiç kimse yoktu. Herkes eğleniyordu ve ben sıkıcı bir hikâye dinlemek istemiyordum. Onun siparişini aldıktan sonra geri gittim. Elimdeki şişeleri raflara koyup zilleri çaldım. Bugün ortam çok güzel, hareketli ve coşkuluydu. Başımı kaldırıp önüme baktığım an karşımda bu adamı gördüm. O içeceğini almak için gelmişti ve tekrar masaya dönecekti ama öyle olmadı. O dalların sol tarafındaki bar taburesine oturdu. Artık anlamıştım o benimle konuşmak istiyordu heyecanlı ve tedirgin olan bu adam rahatlamak istiyordu. Galiba bugün ki şanslı kişi o olmalıydı. Bir süre sonra bana döndü ve kendisinin barın sahibinden başka kimseyle sohbet etmek istemediğini söyledi. Şaşırmıştım ve kendimi tutamayıp güldüm. Bugün dans müzikleri çalıyordu, insanlar eğleniyorlardı böyle bir ortamda tuhaf bir adam derdini anlatmak istiyordu. Bu durum tuhaf olsa ona sıcak davrandım ve elimi uzattım onun adı John'du. Ben ona belki de bir barda oturup sohbet etmek isteyen başka insanlar da vardır demek yerine tabi ki olur dedim. Ayrıca, barmaidlerin de aslında insanlarla konuşmaktan çok mutlu olduğunu ve onunla konuşmak isterken kafasında farklı bir durum olabileceğini söyledim. Bugün doğum günü partisi olmasına rağmen burası hala benim barımdı ve insanlar buraya benimle konuşmak için geliyorlardı.

Birbirimizle konuşmadan önce, insanların birbirlerinin farkında olmaları gerektiğini söyledim. Hayatımızın yoğun temposu içinde, insanlar birbirlerini fark etmezler ve bu yüzden yalnızlık hissetmeye devam ederler. Birçok insan etrafta dolaşıyordu ama hiç kimse onunla konuşmaya cesaret edememişti. O kimseyi fark etmediği için onunla konuşmadılar. Bir başkasıyla konuşurken, insanlar hayatlarının tüm yönlerinde farklı bakış açıları kazanırlar. Bu nedenle, bir birey diğer bir bireyle konuşarak, onun fikirlerinden, bakış açılarından ve deneyimlerinden yararlanabilir. Bu, insanların hayatı hakkında daha geniş bir perspektif kazanmalarına ve kendi yaşamlarını daha iyi anlamalarına yardımcı olur. Ayrıca, birinin hayatında ilham verici hikayeler ve tavsiyeler de bulunabilir. Bu nedenle, bir başkasının hayatını anlamak, bireyler için bir zenginlik kaynağı olabilir. Bir adamı bar taburesinde otururken sohbet edecek bir bireyle eşleştirmek çok kolay değildi. Ancak, mevcut olan tek seçenek barın sahibi olan orta yaşlı bir kadındı, yani o bendim. Ona, neden benimle konuşmak istiyorsun diye sordum o bir an için konuşmaya cesaret edemedi. Benle konuşmaya başladıktan sonra, adamın yüzünde büyük bir gülümseme belirdi. Hayatımızın her aşamasında, insanlarla iletişim halinde kalmayı ve onlarla etkileşimde bulunmayı hatırlatmalıyız. İnsanlar arasındaki küçük konuşmalar bile, birbirimizin hayatlarına dokunabilir ve birbirimizin yalnızlığını gidermemize yardımcı olabilir. Belki de bir adamın bara oturup bir barmaid ile veya diğer müşterilerle konuşmaya cesaret edememesinin nedeni, karşısındaki kişinin de kendisi gibi yalnız kalabileceğini düşünmesiydi. Ancak gerçek şu ki, hayatında başka insanlarla iletişim kurmaya cesaret edebileceğimizi bilmeliyiz. Bu nedenle, bir barda oturup sohbet etmek isteyen başka insanlar olduğunda, bunun için çok geç olmadığını hatırlatmalıyız. Bir süre rahatlamaya başlayan adamın heyecanı bitmişti. O içkisini içiyor ve bana iltifat ediyordu. Saçlarım, elbisem ve gülüşüm onun ilgisini çekmişti. O bir süre sonra sihirli kelimeyi söyledi biliyor musun bugün ne oldu? İkimizde zamanın geldiğini anlamıştık. Yine değişik bir insan farklı bir hikâye dinleyecek olmanın heyecanı ile toparlandım. Parti devam ediyordu içerisi ışıl ışıldı bu yüzden ışıkları kapatıp loş ışıkları açamazdım. Bugün ilk defa çoşkulu bir ortam da bir hikâye dinleyecektim.

John arkadaşlarının ısrarıyla geceyi otelin barında geçirmeyi tercih etti. Dışarıda vakit geçirmek ona pek cazip gelmiyordu. Otelin içi ise sıcacıktı ve içeride parti vardı. John'un içi kıpır kıpırtı, çünkü uzun zamandır böyle bir atmosferde bulunmamıştı. Ancak onu en çok heyecanlandıran şey, barda çalışan güzel barmaid ile sohbet etme fırsatıydı. Galiba bu adam barmaid gördüğü zaman yanına koşan birisiydi. Çapkın bir adam olabilirdi veya yalnız olduğu için konuşacak birisine ihtiyacı vardı. John, parti havası eşliğinde barda kendine bir yer buldu. Arkadaşlarıyla birlikte keyifli bir gece geçiriyordu. Ancak gözü sürekli bar tezgahında çalışan barmaiddeydi. John'un dikkatini çeken en büyük özelliklerinden biri, güzel bir gülümsemeye sahip olmasıydı. John, onunla konuşmayı içten içe çok istiyordu. Bir süre sonra cesaretini toplayan John, bardaki diğer müşterilerin önünden sıyrılıp barmaidin yanına gitti. Onunla konuşmaya başladı ve çok doğal bir sohbetleri oldu. Onun sevimli tavırları ve enerjisi John'u etkilemişti. Birkaç saat boyunca beraber gülmüş, sohbet etmişlerdi.

John, güzel barmaidin adının Emma olduğunu öğrendi. Emma, ona barda çalışmaya nasıl başladığını ve burada geçirdiği zamanlardan bahsetti. Hem bir üniversite öğrencisi hem de bir barmaid olması John'a çok ilginç geldi. Emma, hayatı hakkında John'a pek çok şey anlattı. Onunla sohbet etmek John'un çok hoşuna gitmişti ve bu konuşmaları daha da uzun sürdürmek istiyordu. Ancak diğer müşterilere de zaman ayırması gerektiğini bildiği için onun yanından ayrılmak zorunda kaldı. Onun neşeli enerjisi ve güzel tavırları geceye ayrı bir renk katmıştı. Onunla konuşmak ona çok iyi gelmişti. Ayrılırken, Emma'ya onunla tekrar görüşebileceği bir zaman dilimi olup olmadığını sormayı ihmal etmedi. Emma da onunla tanışmış olmaktan çok memnun olduğunu söyledi. Ertesi gün John, arkadaşlarına 'Barmaid Emma ile tanıştım, çok ilginç biriydi' dediğinde, onlar şaşkınlıkla 'Gerçekten mi?' diye sordular. John, ona duyduğu hayranlığı ve onunla geçirdiği keyifli anları anlattı. Arkadaşları, onun sadece bir barmaid olduğunu düşünerek şaşırdılar. John'un anlattığı kadarıyla, Emma kesinlikle sıradan bir barmaid değildi. Onun ilgi ve dikkat çekici kişiliği onu sıradan bir barmaidin ötesine taşıyordu. John artık, otelin barında daha sık vakit geçiriyor ve Emma ile sohbet etme fırsatı bulmak için fırsat kolluyordu. Onunla her konuştuğu an, onun daha önce hiç tanımadığı biri olduğunu düşünüyordu. Onu tanıdığı için çok mutluydu ve onunla dostluğu ilerletmek istiyordu. Bazen hayatımıza beklenmedik şekillerde insanlar girer ve bize öyle bir etki bırakır ki, onları bir daha unutmaz ve onlarla dost olmak isteriz. John'un hayatına giren Emma da bu tür bir insan olmuştu. İkisi arasında başlayan dostluk, belki de hayatlarının geri kalanında sürecek bir arkadaşlığa dönüşebilirdi. John ve Emma, o geceden sonra hem barın içinde hem de dışında sık sık görüşmeye başladılar. Emma, ona daha fazla şey anlatıyor ve onunla güzel zamanlar geçiriyorlardı. John, Emma ile tanıştığı için çok mutluydu ve artık otelin barında geçirdiği her gece, onunla sohbet etme fırsatını dört gözle bekliyordu. Bazen tanımadığımız insanlarla kurduğumuz beklenmedik bağlar, hayatımıza ayrı bir renk katar. John ve Emma'nın hikayesi de bunlardan biriydi. Bir barda tanışıp, kısa bir sohbetle başlayan dostlukları, çok daha uzun ve keyifli anılarla dolu bir arkadaşlığa dönüşmüştü. Hayatımızda birçok fırsat, tanımadığımız insanlarla konuşarak ve onlarla vakit geçirerek gelir. O yüzden, bir sonraki sefer bir otelin bardasında olduğunuzda, kim bilir belki de size hayatınızın bir dönüm noktasını getirecek bir barmaid ile tanışabilirsiniz. Sohbete ara verip diğer insanlarla ilgilenmeye başladım dans eden insanlar yorulup oturmuşlardı. Bazıları yanıma gelerek yeni siparişler verdiler. Onların ne isteyebileceğini tahmin ettiğim için önceden hazırlık yapmıştım. Hazır olan içki ve kokteyl buzdolabında hazır olarak bekliyordu. Tek başına çalışmak önceden hazırlık yapmayı şart koşuyordu.

İşimi bitirip tekrar onun yanına gittim. Zaten onunla aramda az birkaç metre vardı tezgâha yaslanıp dinlemeye başladım. Ama duyduklarım beni gülme krizine soktu. Bir hafta önce sevgi dolu bir baba ve sadık bir koca olan John, eşini güzel bir sahil oteline tatile götürmeye karar verir. Ailesiyle kaliteli vakit geçirmenin heyecanıyla otele gelip odalarına yerleşen ikili, dinlendirici ve keyifli bir tatil geçirmenin heyecanını yaşıyor. Bir akşam, sahilde geçirdiği keyifli bir günün ardından John, kıyıda oturan küçük bir grup insanı fark edip onların yanına gitti. Gruba yaklaştığında bir sohbet başlatıp kısa sürede onlarla tanıştı. Yeni arkadaşlarıyla bir ses duyuldu gruptan olan bir kız daha gelip oturdu. İkisi de birbirlerine baka kaldılar gelen kız Emma ve ona sarılan kişi onun sevgilisi. John, bir kez daha onun sıcak ve arkadaş canlısı tavrından etkilendiğini fark eder. Emma'nın sevgilisi Michael, Emma'nın haberi olmadan otele geri dönmüştür ve sevgilisinin yabancılarla olan etkileşimlerinden giderek daha fazla şüphelenmeye başlamıştır. Gece ilerledikçe Emma ve John, Michael'ın kıskançlığı kaynama noktasına ulaşana kadar birbirlerinin arkadaşlığından keyif alarak konuşmaya devam ederler. Michael öfkeye kapılır ve mutluluğuna zarar verdiği için John'dan intikam almaya çalışır. Yaklaşan kavganın farkında olmayan John, gruba veda eder ve kendisini bekleyen tehlikeli durumdan tamamen habersiz olarak otele döner. Bu sırada Michael öfkeyle otelde John'la yüzleşmeye karar verir. Koridorlarda fırtınalar estirirken otel personeli yaklaşmakta olan tehlikenin farkına varır ve John ile ailesini korumak için hızla harekete geçer. Michael ondan önce otele gitmiştir ve onu beklemeye başlamıştır. Misafirlerinin güvenliğinden endişe duyan otel yönetimi, aileyi gizlice odalarından tahliye ederek onları yaklaşan çatışmadan uzak, güvenli bir yere yönlendirir. Otele döndüğünde Michael'ın John'u araması, otel personelinin olaya müdahale ederek oluşacak şiddeti engellemesi sonucu olay yaşanmaz. Hayal kırıklığına uğrayan ve eylemlerinin ciddiyetinin farkına varan Michael, gereksiz kargaşaya neden olduğunu bilerek geri çekilir. Şafak sökerken John'un eşi, kıl payı kurtuldukları tehlikeden habersiz, güvenli bir şekilde farklı bir otele taşınır. John bu yaşananları eşine anlatamaz kadının hiçbir şeyden haberi yoktur. John akşama yemeğinden sonra rahat durmaz ve bir bahane uydurup otele Emma'yı görmeye gider. John, uzaktan hayranlık duyduğu bir kıza derinden âşık olan bir adamdır. Onu uzaktan izliyor ve sonunda ona yaklaşıp duygularını itiraf etme cesaretini bulacağı günün hayalini kuruyordu. Ve sonunda ona çıkma teklif etme cesaretini topladığı o gün geldi. Emma John'la sevgili olmayı kabul etti ve o da heyecanına hâkim olamadı. Fakat Emma onun evli olduğunu bilmiyordu. John planını yapmıştı şık bir restoranda romantik bir akşam yemeği ve ardından sahilde yürüyüş. Ancak planlarında ciddi bir sorun vardı ve onun bundan haberi yoktu. Emma John'dan kendisiyle bir otelde buluşmasını isteyen bir kısa mesaj aldı. Kafası karışmış ama heyecanlı bir halde, John'un ona bir sürpriz hazırlamış olabileceğini düşünerek aceleyle otele gitti. Ancak otele vardığında büyük bir şok yaşadı.

John otel odasına doğru giderken aniden odalardan birinden Emma'nın sesinin geldiğini duydu. O tam kapıyı çalmak üzereyken Michael'ın sesinin duydu o şaşkın ve korkmuş halde donakaldı. Ancak John her şeyi anlayamadan, kapı aniden açıldı ve Emma'nın erkek arkadaşının orada durduğunu, kızgın ve ihanete uğradığını öğrendiğini anladı. John'un durumdan kaçmaya çalıştığı sonraki birkaç dakika bulanıktı. Öfkeli erkek arkadaşının gazabıyla yüzleşmek istemediği için koşabildiği kadar hızlı koştu. Âşık olduğu kızın müsait olmadığını anlayan John'un kalbi paramparça oldu. Hayalindeki randevunun kabusa dönüşeceğini hiç düşünmemişti. Utandığını, aşağılandığını ve kalbinin kırıldığını hissetti. Sarah'nın onu kandırdığına ve ona ihanet ettiğine inanamıyordu. Kısacası o saçmalıyordu kendisi evliydi ve kızı kandıran kendisiydi. John otelden dışarı koşarken Emma'nın onu neden otele davet ettiğini merak etmeden duramadı. Acımasız bir şaka mıydı? İnsanların duygularıyla oynamaktan hoşlanıyor muydu? Onun niyetini anlayamıyordu ve bu sadece acısını artırıyordu. John'un deneyimi, aşkın bizi nasıl kör edebildiğinin ve normalde yapmayacağımız şeyleri bize yaptırdığının klasik bir örneğidir. Emma'ya o kadar âşık olmuştu ki onun bir erkek arkadaşı olabileceği ihtimalini bile düşünmemişti. Kendi duygularına o kadar odaklanmıştı ki, eylemlerinin sonuçlarını fark edemedi. Ama bu olay aynı zamanda hepimize ders niteliğindedir. Duygularımızın muhakeme yeteneğimizi gölgelemesine ve sonradan pişman olabileceğimiz şeyler yapmamıza neden olmasına izin vermemeliyiz. John üzgün bir şekilde otele geri döndü ve odasına çıktı eşi onu bekliyordu ve onun suratı asıktı. Birkaç dakika sonra elindeki vazoyu John'a fırlattı. John eyvah dedi ve olan biteni anladı o an onun aklı başına geldi ve evli olduğunu anladı. Birkaç saat önce Michael otele gelmişti ve kendisini tanıtmış olan biten her şeyi anlatmıştı kadın çok sinirlendi ve ağlamaya başladı. Michael Emma ve John'un otele gideceğini öğrendiği an önce kadınla konuşmuş sonra otele giderek Emma'yı yakalamıştı. John dayak yemeden kurtulsa da onun eşi odada ki her şeyi ona fırlatmıştı. Bir süre sonra sakinleşen kadın onu odadan kovmuş ve valizlerini alarak orayı terk etmişti. John üzgün bir şekilde lobide otururken Michael geri gelmişti ve karşılaşmışlardı. O bu sefer kaçamazdı ama o bir yolunu bulup havuza doğru koşmaya başladı. Kargaşa çıkararak otel personelinin Michael'ı tutmasını sağladı. Artık o iyice korkmuştu, yalnız kalmıştı o eve gidemeyeceğini de biliyordu. Sahilden yürüyerek yola çıktı gelip geçen araçlar, insanlar hiçbir şey onun umurunda değildi. Biraz yürüdükten sonra Michael yine onun karşısına çıktı. O delirmiş gibiydi öfkeden konuşamıyordu. Michael birkaç yumruk attı bu arada Emma kavgayı önledi. John fırsat bulup yine kaçtı kalabalığa karışıp eşini aradı aralarında pek iyi bir konuşma olmadı. O otele dönemezdi yalnız kalmıştı Emma zaten gitmişti. Saklanmak için benim barıma geldi. Belli ki akıllanmaya niyeti yoktu ve onun barmaid kızlara olan ilgisi hala devam ediyordu bu yüzden benimle konuşmak istedi. O sabah buradan ayrılıp ülkesine dönecekti ama hala Emma'yı görme planları yapıyordu. Yorgun, üzgün, korkak haldeydi. O çok komikti ama akılsızdı. Onun yanından ayırmadığı çantasının içinde buradan kaçabileceği kadar para ve ihtiyacı olan evrakları vardı. Ama onun bardan çıkabilecek cesareti yoktu. O bir ara bana veda edip kalktı kapıya kadar gitti kapıdan çıkmaya cesaret edemeyip geri geldi. O hem evli hem çapkın hem korkak hem akılsızdı ama hala gelip benimle yakınlık kurmaya çalışıyordu. Ona yardım etmekten başka çarem yoktu sabah olmak üzereydi ve herkes gittikten sonra onunla yalnız kalmak istemiyordum. Biraz düşündükten sonra onu depo kapısından kaçırmaya kaçar verdim. Ona arka tarafa gelmesini söylediğim zaman yüzü güldü. Bu adam bir akılsızdı. Depoda ışığı yakıp kapıyı açarken dönüp baktım o ceplerinde bir şey arıyordu. Bana bir şey uzattı o bana kartvizitini vermişti ve onu aramamı istiyordu. O çıktıktan sonra kapıyı kapattım umarım o geri gelmez ve akıllıca hareket edip ülkesine **döner.**

12. EMMA'NIN KAÇIŞ YALANLARI

Bara döndüğüm zaman kendim için soğuk bir portakal suyu hazırladım. Gözüm hala kapıdaydı onun geri gelmesinden korkuyordum. Umarım o gitmiştir veya başka bir barmaid ile tanışmıştır ve beni rahat bırakır. İnsanlar yerlerine oturmuşlardı doğum günü çocuğu insanları etrafına toplamış bir şeyler anlatıyordu. Müziğin sesini kıstım ve ışıkları kapatıp loş ışıkları açtım. Doğum günü partisi sona ermişti artık her gün ki halime dönebilirdim. Arkama yaslandım ayaklarım ağrımıştı fakat oturmak bile istemiyordum. Kendi kendime gülüyordum ve merak ediyordum acaba onlar barışacaklar mıydı? Umarım kendi ülkesinde akıllıca davranır sorun çıkarmazdı. Özel misafirler harici birkaç müşteri vardı onlar çoktan ütopya yolculuğuna başlayıp düşünmeye ve rahatlamaya başlamışlardı. Bugün zili çalamamıştım ama bugün farklı bir ortam ile karşılaştığım için mutluydum. Herkes hazırladığım içecekleri çok beğenmişti bu işi başarmıştım. John beni çok güldürmüştü uykum gelmemişti. Genelde sabaha karşı yoruluyorum ve uykum geliyor ve bir bardak soğuk portakal suyu içiyorum. Birkaç kişi daha kalkıp gitti sadece doğum günü ekibi kaldı. Bugün temizlik yapmak istemiyordum barı kapatıp gidecektim yarın erken gelip temizlik yapmak daha mantıklıydı. Hem çok yorulmuştum hem de o geri gelir diye kaçmak istiyordum. Bizim işte yaşanabilecek en kötü olay bir insanın size bağlanması ve buradan gitmek istememesidir. Geçmişte birçok değişik olay yaşadığım için bu konuyla ilgili tecrübelerim oldukça fazla.

Emma hayatında zor bir dönemden geçen genç bir kızdı. Son birkaç gündür kendini kötü ve kaybolmuş hissediyordu ve bir ortam değişikliğine ihtiyacı vardı. Bir akşam kendini tek başına ve kalbi kırık bir halde yerel bir barda otururken buldu. Kapının açılmasıyla içeriye güzel, uzun siyah saçları olan, üzerinde barmaid üniforması olan bir kız girdi. Suratı asıktı bir süre etrafı inceledi ve hiç tereddüt etmeden gelip karşıma oturdu. Biraz durduktan ve sustuktan sonra ismini söyledi o an bunun bir şaka olduğunu düşündüm ama sonra tesadüf olduğuna ikna oldum. Yanılmışım o kız bu kızdı benim ismimi biliyordu ve daha önce buraya gelmişti o zillere vurdu dalların hareket etmesini izledi. Onun içkisini hazırlarken içim kıpır kıpır galiba hikâyenin devamı da vardı. O kendi halinde oturuyordu etrafı toparlarken bir an o bana seslendi onun ağladığı gözlerinden belliydi. O buraya benimle konuşmaya gelmişti müziğin sesini biraz kıstım ve yanına gittim ilk defa bir masa da oturmak istiyordum. Doğum günü ekibi gitmişti içeride birkaç insan vardı. Bu kızın anlatacakları önemliydi. Önceden hiç yapmadığım bir şey yaptım ve gidip büyük koltuklara oturdum. O an ne kadar yorulduğumu anladım buraya gelirken onun elini tutmuş ve onu da getirmiştim. Onun konuşmaya ihtiyacı vardı o önceden buraya gelmişti ve beni biliyordu buranın sadece bir bar olmadığını ütopyaya gidiş kapısı olduğunu öğrenmişti. Tekrar yerimden kalkıp bara gittim bir şişe içki aldıktan sonra masaya geri döndüm içerideki son insanlarda gidiyorlardı. Artık onunla baş başaydık ve gerçekten hikâyenin devamını merak ediyordum. Şişeyle işi biten kız arkasına yaslandı onun gözleri dolmuştu ve konuşmak için sabırsızlanıyordu. Sabah olmak üzereydi sadece iki kişiydik dışarıda sabah serinliği vardı ve biri üzgün iki kadın oturmuş içiyorduk. İşin aslını o konuşmaya başlayınca anladım adam buradan gittikten sonra otele gitmişti ve kızla vedalaşmıştı ve ona benden bahsetmişti kızın buraya gelme sebebi buydu. Onu dinlemek işimin bir parçasıydı ve her zaman farklı şeyler öğrenmek hoşuma gidiyordu. Bir süre düşünen kız nihayet konuşmaya başladı bizim baş başa olan ütopya yolculuğumuz başlıyordu.

Emma, genç ve güzel bir kadındı. Hayatının aşkını bulduğuna sanıyordu ama John evliydi. Michael ile olan ilişkisi oldukça iyiydi ve birbirine bağlı olan sevgileri her geçen gün daha da güçleniyordu. Ancak son zamanlarda Emma'nın içinde bir şeyler değişmeye başladı fark etti. Sevgilisiyle birlikte olmaktan daha çok kaçınmaya başladı ve ondan uzaklaşmaya başladı. Aslında Emma sevgilisine yalan söylemek zorunda kalmış ve artık bu yalanların altında ezilmekten yorulmuştu. Emma, sevgilisine yalan üretmeye başlayan bunun ne kadar yanlış bir şey olduğunu anlamayan bir kızdı. Ancak yalan söylemenin onun için daha kolay olduğunu söyledi. Sevgilisiyle yaşadığı sorunları ona anlatmak yerine, ilişkiden kaçmayı ve yalan söylemeyi tercih ediyordu. Bu durum, Emma'nın içinde büyük bir suçluluk duygusu yaratıyordu. Ancak artık bu yalanların altında kalmaktan ve sevgilisine karşı dürüst olamamaktan yorulmuştu. Bir gün, sevgilisi Emma'nın yalan söylediğini fark etti ve onunla görüşmek istedi. Emma, konuşmaktan kaçınarak sevgilisine yalan söylemeyi tercih etti. Ancak bu sefer sevgilisinin tepkisi çok farklıydı. Ona olan güvenini kaybettiğini ve artık ilişkilerin eskisi gibi olamayacağını söyledi. Emma, sevgilisinin bu sözlerinin karşısında büyük bir şok yaşadı. Onun için her şeyin bittiğini anlamıştı. Emma, sevgilisine olan yalanlarının sona ermesi gerektiğini ve güvenini kaybetmesine neden olduğunu fark etti. Artık onunla birlikte olmak zorunda değilsin. Bu sayede sevgilisinin gerçeklerini anlatarak sonlandırmak istedi. Adamın konuşmasına izin bile vermeden konuyu kapatmıştı. Belli ki bu yüzden John ile yakınlık kurmuştu. Sevgilisine olan dürüstlüğü, onun bakış açısına biraz değer kazandırdı. Ancak sevgilisi onun yalanlarına bir kez daha kanmayacağını söyledi. Emma, sevgilisine istediğini söylediğinde, adamın tepkisi oldukça sert oldu. Ancak Emma artık yalan söylemekten ve ilişkilerin altında yatan gerçekleri gizlenmekten yorulmuştu. Sevgilisinden ayrılma kararı, onun için oldukça zor olsa da yalan söylemeyi bırakması ve gerçeklerle yüzleşmesi ona zor gelmişti. Sevgilisinden ayrıldıktan sonra Emma, kendisine olan güvenini kaybettiğini ve sevgilisine olan yalanlarının onun için büyük bir hata olduğunu fark etti. Ancak artık geri dönüşler yoktu ve bu hatalardan ders alınması gerekiyordu. Emma, yalan söylemenin ilişkilere ne kadar zedelediğini ve insanın kendine olan saygısını nasıl etkilediğini anlamıştı. Birkaç gün sonra Emma ve Michael, uzun süredir devam eden ilişkilerinin sona erdiğini anlamışlardı. Birbirlerine olan sevgileri hiçbir zaman değişmemiş olsa da aralarında yaşanan çeşitli sorunlar nedeniyle ayrılık kaçınılmaz bir hal aldı. Ancak beklenmedik bir şekilde, çiftin yollar yeniden kesişti ve bir barışma süreci başladı. Emma ve Michael'ın ilişkisi, birçok çiftin yaşadığı gibi gelişen masum bir aşktı. İkisi de birbirlerine karşı derin bir sevgi ve bağlılık besliyordu. Ancak zamanla sorunlar ortaya çıkmaya başladı. İkisi de yoğun iş temposu ve aile baskısı nedeniyle sürekli olarak birbirlerini zaman ayıramıyordu.

Zamanla Emma yalan söylemeye ve ondan kaçmaya başladığı için işler kontrolden çıktı. İletişim sorunları ve güvensizlik de bu yalanlara eklenince, güven zedelendi.

Sonunda Emma ve Michael birbirlerinden uzaklaşmaya başladı. Tartışmalar ve kavgalar artık günlük hayatlarının bir parçası haline gelmişti. Ne yazık ki, bu aşkın sonu geldi. Ayrılıktan sonra, ikisinin de kendi hayatlarına devam etti. Ancak ayrılıklar onları derinden etkilemişti. İkisi de birbirine olan sevgilerini unutamıyorlardı. Zaman değişti, Emma ve Michael ikisi de bol miktarda hata yaptılar. Birbirlerine karşı hala derin bir sevgi ve özlem duyuyorlardı. Bir gün, Emma ve Michael beklenmedik bir şekilde karşı karşıya gelirler. İlk başta barışma süreci oldukça zorlu ve karmaşıktı. İkisi de geçmişte yaşadıkları günlerin acısını hala taşıyorlardı. Ancak birbirlerine karşı olan sevgileri ve dayanıklılıkları sayesinde, ikisi de bu zorlu süreci başarıyla atlattılar. Yavaş yavaş, Emma ve Michael birbirlerine yeniden alışmaya başladılar. Onların güzellikleri birbirini takip etti ve birbirlerine karşı daha fazla saygı ve anlayış gösterdiler. Birbirlerine daha fazla zaman ayırmaya başladılar ve birlikte zamanın keyfini çıkardılar. Bu süreçte ikisi de birbirine karşı derin bir sevgi hissetti. Sonuç olarak, Emma ve Michael'ın yeniden barışması, birçok çift için bir örnek teşkil edebilir. İlişkilerinde sorunlar yaşamış olsalar da ikisi de birbirlerine karşı olan sevgilerini yeniden keşfetti. Birbirlerine verdikleri ikinci şans sayesinde, aşklarına devam ettiler. Emma, genç ve güzel bir kızdı. Hayatında her şey yolundaydı, ta ki John ile tanışana kadar. İkilinin arasındaki çekim çok güçlüydü ve Emma, onun için her şeyi yapabileceğini hissediyordu. Ancak Emma'nın büyük bir sırrı vardı bu sır Michael. O John'a Michael 'den bahsetmemişti adamda evli olduğunu söylememişti. John ile tanıştıkları ilk günlerde Emma, onunla birlikte olmaktan çok mutluydu. Ancak, zaman içinde John'a karşı olan hislerinin onun için çok tehlikeli olduğunu fark etti. John, onun için çok önemli biri haline gelmişti ve Emma, onunla birlikte olmaya devam ettiği sürece onun için yalan söylemeye başladı. Yalanlar,

Emma'nın Michael'dın kaçmasına yardımcı oluyordu. Emma, John'u sevebilirdi ancak onunla birlikte olmak, onun için çok büyük bir riskti. Bu nedenle, John'a karşı duyduğu sevgiyi gizlemeye çalışıyordu. Birlikte olduğu zamanlarda kendisini sürekli olarak kontrol ediyor ve John'a karşı olan hislerini bastırmaya çalışıyordu. John, Emma'nın onunla birlikte olmaktan kaçındığını fark ettiğinde, onunla konuşmaya başladı. Emma, ona gerçekleri söylemek istemedi onun için en iyisi ondan uzak durmasıydı. Oysa John, onunla birlikte olmayı çok istiyordu ve ondan kaçmaya çalışan Emma'yı anlamakta zorlanıyordu. Emma, John'a onunla birlikte olabileceğini söyledi ve iletişimini kesmemeye karar verdi. Emma artık Michael'e her gün yalan söylüyordu. O işten izin alıp John ile birlikte sahile gidiyordu. John ise evli olduğunu düşünmüyordu bile. John, Emma'nın ondan kaçtığı gerçeğini kabul etmek istiyordu. Fakat onun peşini bırakmadı ve ona olan sevgisini dile getirmeye devam etti. Emma, John'un ona olan ısrarları karşısında direnemediğini ve yalan söylemeye mecbur olduğunu kendisine söyledi. John, Emma'nın sevgilisi olduğunu görünce çok üzüldü. Ancak ondan kaçması gerektiğini kabul etmek istemedi. Emma, onunla birlikte olmaması konusunda bencil davrandı ve bu nedenle iki erkeğe de yalan söylemeyi tercih etti. John, Emma'nın sevgilisi olduğu gerçeğini kabul etti ancak ona olan sevgisini hala içinde saklıyordu. Emma, John'dan kaçmayı başardı ancak onun için bu çok zor bir süreçti. John'a olan sevgisini ve ondan kaçma isteğini kabul etmek kolay olmasa da olabilecek en iyi durumdaydı. Bu olayı Emma'ya bir şey öğretmişti. Onun için en önemli olanın dürüstlüğü ve gerçek duygular olduğu anlaşılmıştı. Artık yalanlar söylemek yerine, gerçekleri ifade etmeyi öğrenmişti. Ama her şey için çok geçti sahilde karşılaştıkları akşam Michael Emma'dan şüphelenmiş ve o gece yaşanan tatsız olaylar gerçekleşmişti. Emma yalanlarıyla bu konuyu zorlaştırmıştı John evli olduğunu söyleme gereği bile duymadan rahat hareket etmişti. Michael bu yalanları öğrendiği zaman çılgına dönmüştü. Sonuç olarak hepsi ayrı bir tarafa gitmişti. Bu olayda zararı en çok olan kişi Michael. Emma ve Michael, aşk ilişkilerinde özgürlük ve güvenle tanınan bir çiftti. Birçok insanın hayranlığı vardı bu iki insana, ancak son zamanlarda ortaya çıkan bir skandal insanlar tarafından duyuldu. Emma'nın Michael'i bir süredir birlikte olduğu adamla aldattığı ortaya çıktı. Gerçek olan şeyse bu adamın John olduğuydu. Birçok kişi, Michael'ın Emma'ya olan aşkını ve bağlılığını biliyordu. Ancak Emma'nın ihaneti, birçok kişinin aklında soru işareti bıraktı. İhanet haberleri yayıldıktan sonra Michael sessizliğini korudu ve bir süre sonra ilişkisinin bittiğini herkese açıkladı. Bu durum, birçok kişi tarafından Emma'ya yönelik eleştirilere neden oldu. Emma gibi bir kadının nasıl olur da böyle bir ihanete imza atabileceği sorusu akıllara geldi. Aslında Emma ve Michael'ın ilişkisi hiç pembe bir tablo değildi. İkili arasında sürekli tartışmalar oluyordu. Emma, ilişkisinde bağımsızlığına ve özgürlüğüne sahip olmak isterken, Michael ise daha klasik bir ilişki yaşamak istiyordu. Bu ayrılıklar, aralarındaki gerginliklere neden oldu ve ilişkileri tehlikeye girdi. Ancak Emma, bağımsızlığından vazgeçmek istemediği için bu tartışmaları çözmek yerine, ihanet yolunu tercih etti. Oysa gerçek aşkta, sorunlarla yüzleşmek ve birlikte çözüm bulunması gerekir. Bağımsızlık ve özgürlük, bir ilişkide önemli olsa da bunlar her şey değildir. Emma, bu gerçeğin peşinden gittiği için, ilişkisinde büyük bir hata yaptı.

Ayrılık haberleri yayıldıktan sonra Emma kısa bir süre sessiz kalmayı tercih etti. Ancak daha sonra olayla ilgili Michael'ın ailesine bir açıklama yaparak, yaşananların farkında olduğunu ve pişman olduğunu belirtti. Ancak maalesef, bu açıklama hiçbir şeyi değiştirmedi. Emma, güçlü bir kadındı. Ancak ihanet etmesi, bu özelliğini gölgeledi ve birçok kişinin gözünde güvenilmez biri haline geldi. Gerçek aşkı, birlikte sorunları çözmeyi ve bir arada kalmayı sürdürmeyi anlaması gereken Emma, bunu zamanında fark edemedi. Sonuç olarak Emma ve Michael'ın ilişkisi, ihanet haberleriyle son buldu. Bu olay, birçok kişinin gözünde Emma'nın itibarını zedeledi ve bağımsızlığıyla tanınan güçlü kadın imajını sarsmış oldu. Bu durum, aşk ilişkilerinde özgürlük ve bağımsızlığın gelişmesini bir kez daha gözler önüne serdi. Gerçek aşk, birlikte sorunları ve bir arada kalmamayı gerektirir. Emma bana bu hikâyeyi anlatırken Michael ise işten ayrılıp uzaklara gidiyordu. John'un tatili dört kişinin zarar görmesine **sebep** olmuştu.

13. YOL ARKADAŞLARI: GARSON KIZIN HİKAYESİ

Bir barmaidin hayatı kolay değildir. Gece çalışmak, uykusuz kalmak, gürültülü insanlarla uğraşmak ve sürekli ayakta durmak. Dün gecenin özeti budur dün yapılan doğum günü partisi beni yormuştu. Emma'nın ilişkileri kafamda büyük bir yer kaplamıştı gün boyu uyudum ve tekrar bara geldim. Ancak zorluklara rağmen barmaid partinin can damarıdır ve ben işimi harika bir şekilde yapmıştım. İçeceklerin akıcı olmasını ve atmosferin canlı kalmasını sağlamıştım. Barı yeni açtım önceki gün yüksek eforla çalıştığım için yorgundum. Ancak bu benim ertesi geceye hazırlanmam için erken uyanmamı engellemez. Kapıların kilidi açılırken derin bir nefes alıyorum ve kendimi bekleyen uzun geceye zihinsel olarak hazırlanıyorum. Benim yaptığım ilk şey barın temiz ve şık olduğundan emin olmaktır. Dolapları dolduruyorum, bardakları parlatıyor ve rafları yeniden dolduruyorum. Basit bir görev gibi durmuyor, ancak özellikle yoğun bir gecenin ardından barın düzenli ve şık görünmesini sağlamak çok çaba gerektiriyor. Temiz ve düzenli bir bar sadece şık görünmez aynı zamanda verimli çalışabilmek için önemlidir. Daha sonra envanteri kontrol ediyorum ve yeniden stoklanması gereken içeceklerin bir listesini yapıyorum. Yoğun bir gecenin ortasında, popüler bir içeceğin bitmesi sorunlara yol açabilir. Açılış zamanı geldiğinde son kez kendimi kontrol ediyorum ve kapıları açıyorum. Müşteriler içeri girmeye başlıyor ve onları sıcak bir gülümsemeyle ve dostane bir merhabayla selamlıyorum. Gece ilerledikçe bar daha da yoğunlaşır ve benim çoklu görev becerilerim teste tabi tutulur. Özellikle bazı insanlar verdikleri siparişin kalitesini tartışırlar. Her gün siparişleri alıyor, içecekleri karıştırıyor ve aynı anda birden fazla görevi yerine getiriyorum, tüm bunları yaparken samimi ve profesyonel bir tavır sergiliyorum. Bu, ustalaşma yıllar süren bir tecrübe ile meydana geldi. Ancak barmaid olmak sadece içki servisi yapmak değildir. Aynı zamanda problem çözücü ve arabulucu olmakla da ilgilidir. Ben dost canlısı müdavimlerden, biraz fazla içki içmiş genç gruplara kadar her türden müşteriyle ilgilenmek zorundayım. Her durumu zarafet ve nezaketle ele alıyorum, olası çatışmaları dağıtıyorum ve herkesin iyi vakit geçirmesini sağlıyorum. Bazı geceler sona ererken ayaklarım ağrıyor, sesim yankılanıyor ve konuşmalardan dolayı ses şiddeti ortaya çıkıyor. Ancak işin henüz bitmediğini biliyorum. Bar temizleniyor, rafları yeniden dolduruluyor ve bir sonraki vardiya için her şeyin hazır olduğundan emin oluyorum. Uzun ve yorucu bir gecenin ardından nihayet işleri iyi derecede devam ettirerek dışarı çıkıyorum. İş sonrası bazen yatmaya gidiyorum bazen de yürüyüş yaparak zihnimi dinlendiriyorum. Barmaid olmak sadece bir iş değildir; bu bir yaşam tarzıdır. Barın çalışmasını sağlamak belirli düzeyde dayanıklılık, sosyal beceri ve özveri gerektirir. Bu nedenle, bir dahaki sefere en sevdiğiniz barı ziyaret ettiğinizde, tezgâhın arkasındaki çalışkan barmeni takdir etmeyi unutmayın. Kendime yaptığım motive edici konuşma biterken bende hazırlıkları son kez gözden geçirdim. Birkaç insan erkenden gelip masalara oturdular. Bu insanlar belli ki burada fazla vakit geçirmek istemiyor ve onlar sadece burayı görmek için gelmişler. Bir kadın bara geldi ve benimle ile selamlaştı. Yalnız olan bu kadın karşımdaki rahat koltukların birinde oturan kadındı. İsminin Olga olduğunu öğrendiğim bu kadın Rus. Genç ve maceracı bir kadındı. Her zaman dünyayı gezmeyi ve farklı kültürleri deneyimlemeyi hayal etmişti. O bu yüzden Malta'ya gelmişti ve o benden farklı bir içki istemişti. Onun için çok özel bir kokteyl yaparken o etrafı seyrediyordu. Olga bara girdiğinde atmosfere hayran kaldığını söyledi. O benimle konuşurken etrafa bakınıyordu ve yalnız bir adam gördü onlar birbirlerine bakarken ben onun bardağını önüne koymuştum bile teşekkür edip yanımdan ayrıldı. Kapı zaman içerisinde açılıp kapanıyordu yeni insanlar geliyordu. Masalara göz gezdirdim bugün burası dünün aksine oldukça sakin ve sessizdi. Bugün yine ütopya gecesiydi bunu anlamıştım. Zilleri çalıp insanların dikkatimi çektim ve hep birlikte alkışladık. Zaman ilerledikçe yeni siparişler almaya başladım dikkatimi çeken bir şey vardı bugün kimse yanıma gelmiyordu. İnsanların bazıları sohbet ediyor, bazıları ise yalnız kalmayı tercih ediyorlardı. İçeride Rus turistler ve birkaç Avrupalı vardı. Bugün monoton geçecek diye düşünüyordum ama öyle olmazdı çünkü burası dünyadan uzak bir ütopyaydı. Barlar, uzun bir iş gününün ardından dinlenmek veya arkadaşlarla sosyalleşmek için birçok insan için popüler bir destinasyon haline geldi. Ve barlara sık sık giden insan kalabalığı arasında her zaman öne çıkan bir kişi vardır. Sık sık barda tek başına otururken, çevresini gözlemlerken ve bir içki içerken görülen bir adamdır o kişi genelde filmlerde gördüğümüz yalnız ve karizmatik olur. Böyle bir kişi şu an burada. Tavırları gizemli ve soğuk görünebilir, ancak onda insanları ona çeken belli bir çekicilik var. Ve o düşüncelere dalmış halde orada otururken, insan bu esrarengiz figürün arkasındaki hikâyeyi merak etmeden duramıyor. Onun onu diğer müşterilerden ayıran belli bir aurası var. Uzun ve ince yapısı, keskin çene çizgisi ve delici mavi gözleriyle birleşince onu çarpıcı derecede yakışıklı bir adam yapıyor. Ancak insanların dikkatini çeken sadece fiziksel görünümü değil, aynı zamanda onların ilgisini çeken sessiz ve düşünceli tavrıdır. Bu tür müşteriler sık sık barda tek başına otururken kalabalığın koşuşturmasını izlerken görülebilir. Çoğu insan barlara sosyalleşmek ve iyi vakit geçirmek için gelse de onun farklı bir gündemi var gibi görünüyor. Elimdeki bardaklar ile meşgulüm ve onunla ilgili düşünmek yerine insanlara gülümsemeliyim. Ama nedendir bilinmez bir süre sonra tekrar o adamı izlemeye başladım galiba onun üzgün hali ilgimi çekmişti. Sanki bir şeyi veya birini arıyormuş gibi arkasına yaslanıp çevresini incelemeyi tercih ediyor. Sanki dünyanın yükünü omuzlarında taşıyor ve sürekli derin düşüncelerin içinde kalmış gibiydi. Onun teselliyi barlarda aramasına neyin sebep olduğunu merak ediyordum ve bunun geçmişiyle bir ilgisi olabileceğine inanıyordum. Onu izlerken bir an için bir ses duydum iki kız gelmişti onlar kapıdan girip bana doğru gelmeye başladılar. Her zamanki gibi onlar yine zıplayarak siyah taşlara basmayı becermek istiyorlardı. Onlar buranın insanlarıydı ve haftada birkaç kez buraya gelirlerdi. Oldukça neşeli olan bu kızlar düşmeden yanıma kadar gelebilmişlerdi. İkisi de küçük bir apartman dairesinde yaşıyorlardı ve şehrin popüler bir barında garson olarak çalışıyorlardı. Birbirinden şık kıyafetleriyle tanınan kızlar, her zaman müşterilerinin dikkatini çekiyorlar. Bu akşam iki kız işe gitmeye hazırlanırken patronlarından bir telefon aldılar ve patron barda bazı önemli misafirler olduğundan bahsetti kızlardan en iyi kıyafetlerini giymelerini istedi. Onlar işe gitmeden önce buraya gelip iyi vakit geçirmeyi seçmişlerdi.

Kavga, birçok ilişkide kaçınılmaz bir durumdur. Ancak bu durum, birçok insan için oldukça rahatsız edici olabilir. Özellikle de karşı masada oturan çiftin kendi aralarında kavga etmesi, etraftaki insanlar için oldukça rahatsız edici bir durum olabilir. Bu akşam belli ki sinirli bir çift buradaydı. Barın ortasında bir anda yükselen sesler, diğer müşterilerin dikkatini çekti. Kimisi meraktan, kimisi rahatsızlık duydukları için etraflarına bakmaya başladılar. İsimlerinin Afonso ve Carolina olduğunu öğrendiğim Portekizli çiftte teşekkür etmeliydim. Afonso içinde pasaportlarının olduğu çantayı sinirlenip bana doğru fırlatınca çantanın içindekiler yere düştü ve isimlerini öğrenmiş oldum. Afonso ve Carolina çifti, bardaki herkesin gözü önünde kavgaya devam ettiler. Birbirlerine hakaretler savurdular, birbirlerini itekledıler ve bardaki masaları devirdiler. Kargaşa içindeki insanlar, bir anda sessizleştiler ve herkes şaşkın bir şekilde onlara baktı. Kimisi şok olurken, kimisi endişe duydu. Bazıları ise gülerek bu olaya şahit oldular. Ancak, bu durum hiçbir şekilde normal değildi ve ortamın gerilimi arttı. Bu çiftin sakinleşmesinin ardından devrilen masaları düzelttik ve kırılan bardakları topladım. Polis çağırma konusunda tereddütte kalmıştım ve onların sakinleşmesinin ardından onları dışarı çıkmaya ikna ettim. Kapıyı kapatıp koşar adım bara geri döndüm bu rezalet olaydan sonra insanları sakinleştirme görevi benimdi. Birkaç kişi çıkıp giderken bazıları yerlerine oturdular tam bu anda zillere sert bir şekilde vurdum ve tekrar vurdum. Herkes kızgın olduğumu anlamıştı gitmek isteyenler gittiler içeride kalan birkaç kişiye içecek ikram ettim. Bir an için durdum ve sakinleşmeye ihtiyacım olduğunu fark ettim. Benim barımda ilk defa kavga çıkmıştı ve bu bir rezaletti. Kendimi sakinleştirmem ve eski halime dönmem zaman aldı bu arada yeni insanlar gelip yerlerine oturdular. Müziğin sesini kıstım ve loş ışıkları açtım artık ütopya yolculuğu başlamalıydı ve bu saatten sonra herhangi bir rezalet yaşansın istemiyordum. Yanıma gelip benimle ilgilenen kızlar içkilerini alıp yerlerine oturdular barda oturan erkekler dallarla ilgilenip sohbet ediyorlardı. İçlerinden bir tanesi elindeki kibritle oynarken arkadaşının anlattıklarını dinliyordu. Masalarda oturan insanlar sakinleşmişlerdi ve ortam eski haline dönmüştü. Zaman ilerledikçe ben ve diğer herkes yaşanan kötü olayı unutmuştuk. Güzel bir müzik, etkileyici ışıklar, tertemiz olan masalar her şey güzeldi. Saat gece yarısını geçmişti elime tepsiyi alarak insanların yanlarına gittim onlara ikram etmek istediğim yeni bir kokteyl yapmıştım. Onların bu içki hakkındaki fikirlerini merak ediyordum bir yudum içen herkes güzel söyledi. Onların samimi olup olmadıklarını bilmiyordum çünkü bugün motivasyonum bitmişti. En son yalnız oturan gizemli adamın yanına gidip tepsideki son bardağı ona uzattım, o bardağı alırken teşekkür etti. Tekrar bara döndüğüm zaman saçlarımı düzeltmeye başladım ve parfümü şişesini alıp çok miktarda parfümü üzerime boşalttım. Elimdeki şişeyi çekmeceye koymak için eğildiğim zaman yerde duran tarak dikkatimi çekti. Bunu görmüş olmam canımı sıkmaya yetti bu tarak kavga eden çifte aitti. Onlar bana çantayı fırlattıkları zaman yere düşen bu eşya burada kalmıştı. Bir an onu kırıp atmayı düşündüm fakat bu hoş bir davranış olmazdı onu çekmeceye koyup kapağı kapattım. Parfüm kokusu bana iyi gelmişti kendime bir bardak portakal suyu hazırladım ve içine alabildiği kadar buz attım.

Artık kendimi toplamalıydım içeride insanlar vardı dikkatimi toplayıp dünyadan ayrılıp ütopyaya gitme vaktim gelmişti. Yalnız adam masadan kalkıp bara doğru ilerlediğinde içinde hafif bir heyecan vardı. Bunu onun bakışlarından anlayabiliyordum. Biraz yalnız başına oturmak ve içki içmek istiyordu. Belki de yeni insanlarla tanışabileceği ve farklı sohbetler gerçekleştirebileceği bir gece olabilirdi. O gelip bara oturdu. Barın önünden geçen insanları izlemeye başladı. Kimisi tek başına, kimisi arkadaşlarıyla birlikte bardaydı. O bu kalabalık içinde yalnızlığını daha da hissetti. Son zamanlarda işten dolayı oldukça yorulduğu için böyle bir mola ona iyi geliyordu. Bu sözü ondan duymak bana bir hikâyenin başlangıcını hatırlattı. Geçmişte buraya gelen bir bayan aynı sözü söyleyip bütün hayat hikayesini anlatmıştı. Galiba bugün ki şanslı kişi bu adamdı. Bir yandan içeceğini yudumlarken bir yandan da düşüncelere daldı. Belki de bu mola ona iş hayatında ihtiyacı olan motivasyonu getirebilirdi. Tam düşüncelerine dalıp giderken, yakındaki masada oturan bir grup arkadaşın neşeli sohbetlerine kulak misafiri oldu. Yalnız adam onların konuşmalarını gülümseyerek dinliyordu, yeni insanlarla tanışmanın ne kadar keyifli olduğunu tekrar hatırlamıştı. İçeceğini bitirip bardan ayrılmaya hazırlandığında, yanında duran bir kadının kendisine teşekkür ettiğini duydu. Ona teşekkür ettim çünkü o ortalığı toparlamamda bana yardım eden insanlardan birisiydi. Thomas, o gece yalnız olarak barın yolunu tutmuştu ama yeni dostluklar edindiği için yalnız olmadığını hissetmişti. İsminin Thomas olduğunu öğrenmiştim oldukça kibar bir insandı. Ben ona teşekkür ettiğim zaman tanışmıştık. Belki de hayatın bazen sizi yalnız bıraktığını düşünürsünüz ancak aslında yeni insanlarla tanışma ve farklı sohbetler etme fırsatı her zaman vardır. Canınız sıkıldığında ya da yalnız hissettiğinizde, içindeki cesareti toplayıp bir bara gitmek ve yeni insanlarla tanışmak size iyi gelebilir. Galiba bu gece sohbet edecek insana ihtiyacı olan kişi bendim. Onunla aramızda güzel bir sohbet başladı. Gecenin başında savaş yaşanmış olsa da şu an sakin ve huzurlu birisiydim ve o mutluydu. Onun mutlu olduğu her halinden belliydi. Bir taraftan işimle ilgilenirken bir taraftan da onunla sohbet ediyordum. Zaman ilerledikçe o biraz rahatlamış görünüyor içkinin etkisiyle konuşkan bir adama dönüşen Thomas bana bir hikâyeden bahsetmek istedi. Onu memnuniyetle dinleyeceğimi söyledim çünkü işim buydu. O dikkatini topladı gülümsedikten sonra sakin bir ses tonuyla anlatmaya başladı. En beklenmedik yerlerde yeşeren aşk hikayelerini duymak alışılmadık bir şey değil. Bu durumda iki kalbi bir araya getiren şey bir taksi yolculuğuydu.

Her şey Laura isimli genç ve enerjik bir hemşirenin uzun bir iş gününün ardından taksiye binmesiyle başladı. Bu taksi yolculuğunun hayatını sonsuza dek değiştireceğini bilmiyordu. Thomas adındaki şoför, sohbet tutkunu, arkadaş canlısı ve çekici bir adamdı. Bara ilk geldiği zaman sessiz bir şekilde oturan yalnız adam sohbeti çok severmiş. Konuşmaya başladıklarında Laura, Thomas'ın sıcak ve misafirperver kişiliği karşısında şaşkına döndü. Basit bir sohbet olarak başlayan şey, kısa sürede hikayelerin, ilgi alanlarının ve hayallerin paylaşılmasına dönüştü. Kendilerini sohbete o kadar kaptırmışlardı ki Laura'nın gideceği yere vardıklarını zar zor fark ettiler. Thomas onun taksiden indiği anda içini bir hüzun kapladığını hissetmekten kendini alamadı. Laura'yı tekrar görmek istediğini biliyordu ama numarasını istemekten çekiniyordu. Ancak kaderin başka planları vardı. Laura telefonunu takside unutmuştu ve Thomas onu bulup iade etme görevini üstlendi. Bu onların bir kez daha buluşmaları için mükemmel bir fırsattı. Laura, Thomas'ın elinde telefonuyla kapısının önünde durduğunu görünce yüreğinde bir çarpıntı hissetmeden edemedi. Sanki kader onları bir araya getiriyormuş gibiydi. Onun kızın evini nasıl bulduğunu merak etsem de sormak istemedim. O kendini hikâyeye kaptırmıştı onun hevesini kırmak istemedim. O günden sonra Laura, fırsat buldukça Thomas'ın taksisine binmeye karar verdi. Konuşmaya ve birbirlerini tanımaya devam ettiler ve çok geçmeden birbirlerine karşı hisler geliştirdiklerini fark ettiler. Konuşmaları kahkahalarla, derin tartışmalarla ve giderek artan bir sevgi duygusuyla doluydu. Aşkları her şeye rağmen gelişti. Meşgul bir hemşire olan Laura ile taksi şoförü Thomas farklı dünyalardan gelseler de birbirlerine olan aşkları onları yakınlaştırmıştır. Her ikisi de mütevazı bir geçmişe sahipti ve geçimlerini sağlamak için çok çalışıyorlardı. Ancak birbirlerinin yanında rahatlık, anlayış ve sınır tanımayan bir sevgi buldular. Thomas, Laura'nın en sevdiği yemeği getirmek ya da onu işten almak gibi küçük jestlerle sık sık sürpriz yapıyordu. Laura ise uzun taksi yolculukları sırasında yemesi için Thomas'a leziz ev yemekleri hazırlayarak sürpriz yapacaktır. En basit şeylerden keyif alıyorlardı ve ilişkileri her geçen gün daha da güçleniyordu. Onların aşk hikayesi kısa sürede arkadaşları tarafından konuşulan bir konu haline geldi. İnsanlar bu beklenmedik ikili karşısında hayrete düşmüştü ama Laura ve Thomas'ın umurunda değildi. Birbirlerinin yanında mutluydular ve onlar için önemli olan da buydu. Sonunda Thomas cesaretini toplayıp Laura'ya evlenme teklif eder. Ona sırılsıklam âşık olmuştu ve hayatının geri kalanını başkasıyla geçirmeyi hayal edemiyordu. Laura'nın evet demesi onu sevindirdi ve küçük ve samimi bir törenle evlendiler. Bugün Laura ve Thomas mutlu bir evliliğe sahipler ve birlikte kendi taksi işlerini yürütüyorlar. Sık sık tanıştıkları günü ve aşklarının basit bir taksi yolculuğuyla nasıl büyüdüğünü anıyorlar. Kaderin onları bir araya getirdiğine inanıyorlar ve o kader günü için sonsuza kadar minnettarlar. Hikayeleri, aşkın sınır tanımadığını ve en beklenmedik yerlerde yeşerebileceğini hatırlatıyor. Bazen hayatımızın gidişatını değiştirmek için tek gereken bir yabancıyla konuşmaktır. Laura ve Thomas'ın aşk hikayesi, aşkın etrafımızda keşfedilmeyi beklediğinin **kanıtıdır.**

14. KAYIP VALİZ MACERASI

Gece devam ediyordu çift yanımdan ayrılıp masalarına geçmişlerdi. Elimdeki bardağı silerken kapının açıldığını fark ettim. Uzun boylu, sarışın, kıvırcık saçlı, mavi gözlü bir adam içeri girmek üzereydi. Mavi şortu ve beyaz gömleği olan bu adam içeri girdi ve etrafı inceledi. İnsanların ilk olarak etrafı incelemesi ve yüzlerinde tebessüm oluşması hoşuma gidiyordu. O bana yaklaşırken saçlarımı düzelttim. Onun bar taburesine oturacağı her halinden belliydi ve dediğim gibi de oldu. Güler yüzlü genç adam bir içki istedi ve cebinden çıkardığı çikolatayı bana verdi o an çok sevinmiştim. Heyecanlı olan bu adam telefonla konuşurken bende bu sırada işimle ilgileniyordum. Onun için içki hazırlıyordum.

O telefonu kapatıp bana döndü ve gülerek bana sorular sormaya başladı. Buraya gelen insanlar dallarla, zillerle ve değişik tasarımla ilgili her zaman soru soruyorlardı. Bir süre sonra ona tatilinin nasıl geçtiğini sordum ve ilginç bir dünyaya giriş yaptım. O tatil yapmak yerine macera peşinde koşmuştu halinden memnundu ve yaşadığı durumu benimle paylaşmak istemişti. Onu güldüren olayı merak ettim ve onu dinlemeyi memnuniyetle kabul ettim. Onun hikayesi Malta'ya ayak basar basmaz başlamıştı.

Jake uçaktan iner inmez ilk yapması gereken bagajını almaktı. Fakat havalimanındaki panoya baktığında şok oldu. Soy isminin yanında "Bagaj kayıp" yazıyordu. İncelemeye gerek olmadan anlamıştı bagajının yerinde olmadığını. O bu sözleri söylediği an eskiden tanıdığım bir müşterim aklıma geldi. O da bardan giderken başkasının valizini alıp gitmişti. Resepsiyona gidip durumu izah etti. Memur omuz silkti, çok sık rastlanan bir durum olduğunu söyledi. Hiç endişelenmemesini, birkaç gün içinde bagajın bulunacağını ifade etti. Jake bu cevaptan pek memnun olmasa da yapacak bir şey yoktu. Yetkili kişi onu sakinleştirmeye çalışmıştı ama bu durumun sık yaşandığını söylemesi ters etki yapmıştı. Jake durumu anlamamış ve panik olmuştu. Yetkili kişi merak etmeyin önemsiz bir olay sıkıntı olmaz demek istemişti ama aslında o yanlış bir şey söylemişti. Şimdi asıl sorun, sıcak Tekne'ye hiçbir eşyası olmadan nasıl uyum sağlayacağıydı. Çantasında sadece cüzdanı ve pasaportu vardı. O havaalanından çıkmak üzereyken bir anons yapıldı ve onun çantası bulunmuştu. Hikaye'nin bu kadar kısa olması beni şaşırttı. Genel de benim dinlediğim bütün hikayeler maceralı ve sürprizlerle doludur.

Taksiye binerek otele doğru yola koyuldu. Bir yandan da çantasını karıştırıyor, bir şeylerin kayıp olup olmadığına bakıyordu. Ancak tek ilginç şey, yıllardır çantasında unuttuğu eski bir Hawaii gömleğiydi. "İşe yarayabilir" diye düşündü. Belli ki o evden apar topar çıkmıştı ve acele ile valizini doldurmuştu.

Otelin görkemli girişinde indi taksiden. Resepsiyona gidip rezervasyonunu sordu. Oda anahtarını aldı ve asansöre yöneldi. 2. katta inip odasına doğru yürüdü. Kapıyı açtığında karşısında büyüleyici deniz manzarası vardı. Fakat eşyası yoktu elbette. Ben hikâyeyi anlamamıştım o valizini bulmuştu fakat sadece bir adet gömlek vardı. Onun diğer giysileri çalınmıştı veya evden çıkarken almamıştı diye düşünüyordum. Bu arada işin doğrusunu öğrendim havaalanında valizler karışmıştı ve bu valiz başkasınındı. Sormaktan kendimi alıkoyamadım sen takside valizi kontrol etmiştin bana böyle söyledin. Senin pasaportun ve cüzdanın çantadaydı dedim. Aldığım cevap beni de şaşırttı onun iki tane çantası vardı. O bir valiz ve bir el çantasına sahipti ve kaybolan valizdi. Onun adına sevindim ama kendi adıma üzüldüm çünkü konuyu anlamamıştım. Bir süreliğine onu yalnız bıraktım ve diğer insanların istekleri ile ilgilendim. Bu arada düşünmeye başladım. Normalde insanlar benimle tanışır, dostluk ilerlediği zaman bana hikayelerini anlatırlar fakat bugün herkes merhaba deyip anlatmaya başlıyordu. Ben nerede yanlış yapıyordum veya yaptığım yanlış mıydı? Emin olamadım. İlk saatlerde yaşanan kavga dengemi bozmuştu ve konsantrasyonumu kaybetmiştim. Bugün bara gelen bir müşteri gibi insanlarla sohbet edip onların hikayelerini dinleyip eğleniyordum. Bu yanlıştı. Jake odaya yerleşmeye çalışırken elindeki tek kıyafet olan eski Hawaii gömleğini giydi. Aynaya baktığında kendini güldürdü. Rengarenk desenlerden oluşan bu gömlek herhangi bir tatilin başlangıcında giyilebilecek bir şey değildi. Pekâlâ, bu ilginç bir başlangıç olacaktı. Jake yorgunluğuyla yatağa uzandı. Uykusuz bir uçuş geçirmişti. Gözlerini kapatıp dinlenmeye çalışıyordu ki telefonu çaldı. Resepsiyondan arıyorlardı. Bagajı bulundu haberiyle sevinçliydi ancak teslimat için ertesi gün müsait olacaklarını söylediler. Hemencecik gitmesi de gerekmiyordu, en azından bir geceliğine uyumak için hazırlanmıştı.

Rahat bir uykuyla kendini yenilenmiş hissetti. Sabahın erken saatlerinde Malta sokaklarında dolaştı. Güzel bir kahvaltı yaptı, yürüyerek bulunduğu bölgeyi gezip dolaştı, mağazalara girdi zaman geçirdi. Jake gezisini bitirip otele dönmek üzereydi ki telefonu çaldı. Arayan annesiydi. Jake neşeyle onu dinliyordu. Annenin sesi ona her zaman iyi gelirdi. Fakat konuşmanın devamında şaşkına döndü. Ailesi o gün Tekne'ye geleceklerini, onu ziyarete geleceklerini söylüyordu. O gün dediği bugün oluyor galiba.

Jake heyecanla ama bir o kadar da telaşla karşılayacaktı ailesini. Odaya koşarak gitti ve etrafa baktı, her yer berbat bir haldeydi. Bagajı da gelememişti. Ailesini böyle bir ortamda ağırlamak istemezdi. Hızlıca otel personelinden yardım istedi. Yatağı toplattı, banyoyu temizlettirdi.

Eşyalarını düzenlemeye çalışıyordu. Ancak bagajsız hiçbir şey yapması mümkün değildi. Gömleği de değiştirememişti.

Saat on biri gösterirken telefonu çaldı. Ailesi otelin önündeydi. Derin bir nefes aldı ve aşağı inmeye başladı. Kapıda anne, baba ve küçük kız kardeşi Karoline onu bekliyordu. Hepsi birden sarıldılar Jake'e. Sabah iş çıkışı uyumadan önce bu adama bir gömlek alsam iyi olacak diye düşünmeye başladım. Kardeşi hemen gömleğini beğenip fotoğraf çekmeye başladı. Jake utandı ama sevindi de ailesini görmekten. Birlikte odaya geçtiler. Ailesi yerleşik hayata alışkın oldukları için dağınıklığı fazla umursamadılar. Karoline sürekli fotoğraf çekiyor, Jake'in çaresiz hallerini kaydediyordu. Öğlen yemeği için dışarı çıkacaklardı. Jake hızlıca bir tişört giyinip çıktı ailesiyle. Restoranda da sorunlar baş gösterdi. Masalar karıştığı için başka bir ailenin yanına oturdular. Konuşamadıkları için hoş bir sohbet edemediler. Neyse ki ailesi ona hediye bir tişört almıştı gelirken. Akşam otele erken dönmek zorunda kaldılar. Ertesi gün erkenden uçacaklardı. Jake onları havalimanına bıraktı. Eğlenceli ama yorucu bir gün geçirmişlerdi. En azından ailesini görmüştü. Tatilinin ilk günü için benzersiz bir deneyim yaşamıştı.

Jake sabaha karşı uyandığında donup kaldı. Plajda geçireceği güneşli bir gün hayal ediyordu. Fakat hava griydi. Plaja inmeye karar verdi. Belki de güneş açabilirdi. Daha doğrusu bu şaşkın adam pencerelerde renkli cam takılı olduğunu fark etmemişti. Otel güneş ışığının etkilerini azaltmak için yatağın yanındaki pencerelere renkli cam takmıştı. Bir kahkaha atan Jake havanın yağmurlu olduğunu itiraf etti. O an bende gülmeye başladım ve içerideki herkes dönüp bana bakmaya başladı. Plajda tek başına vakit geçiriyordu. Deniz hafifçe kıpırdanıyordu, dalgalara baktıkça rahatlıyordu. Bir süre dinlendikten sonra kendini denize bıraktı. Soğuk suyu hissettiğinde ürperdi ama hoşuma gitti dedi kendi kendine. Biraz yüzerken dalgaların gücü arttı. Derin bir yere sürüklendiğini fark ettiğinde korktu. Nefesini tuttu, dalgayı atlatmaya çalışıyordu. Ancak dalga daha güçlüydü. Yuttuğu suyla boğulma tehlikesi geçirdi. Bu adamı tanıdıktan sonra bu olaya şaşırmadım bütün tuhaflıklar onu buluyordu.

Malta'da yağmur yağsa, sel olsa, kar yağsa şaşırmazdım. Bağırmaya başladı yardım için. Plajda kimse yoktu. Son nefesiyle avaz avaz bağırıyordu. Birden suya düşen bir şeyin sesini duydu. Bir balıkçı teknesi yaklaşmıştı. Adam onu sudan çıkardı. Jake inleyerek teknenin zeminine yattı. Nefes nefeseydi. Adam yardım ederken Türkçe bir şeyler söylüyordu ama Jake onu anlamıyordu. Midesi bulanıyordu, kusma ihtimali vardı. Derhal kıyıya çıkarttılar onu. Kıyıda uzun süre kusup nefes aldı. Tekrar gücü geldi bedenine. Balıkçıya teşekkür etti. Artık biraz daha dikkatli olmalıydı. Plaja döndüğünde o tatilinin keyfine varmamıştı hâlâ. Uzun yürüyüşle psikolojisinin düzelmesini umdu. Akşam üstü otele döndü. Yorgunluktan yatağa yığıldı. Bir süre uyudu. Uyandığında halen midesi bulanıyordu. Bu kazayı bir daha yaşamak istemezdi tatilinde. Dikkatli olmalıydı artık plajda. Bu deneyim ona bir ders olmuştu. Jake bir sonraki aktivitesi için sabırsızlanıyordu. Tekne'de yapılabilecek en eğlenceli şeylerden biri dalıştı. Profesyonel dalgıçların eşliğinde koruluğu ve sualtı hayatını keşfedecekti. Sabah erken kalkıp tekneye bindi. Diğer katılımcılarla tanıştı. Herkes heyecanlıydı. Dalış ekipmanlarını giydiler. Son kontroller yapıldıktan sonra sıra sıra suya atladılar. Jake de nefesini tutup indi.

Sualtı inanılmaz güzellikteydi. Balıklar, mercanlar ve deniz analarını görmek müthişti. Tüpünün akışı bozulmuş, hava basıncı aşırı derecede yükseliyordu. Teknenin altına doğru sürükleniyordu. Ekipten yardım çağırmaya çalışıyor ama onlar da onu fark edemiyordu. Tam boğulacakken dalgıçlar yardımına yetiştiler. Nefes nefese ne olduğunu anlatmaya çalışıyordu. Ekibinin yardıma gelmesiyle tekrar kendine geldi. Riskli bir durum atlatmıştı. İlk dalış deneyiminin böyle bitmesini istememişti.

Tatiline bir kazayla devam etmesine şaşırsa da heyecanlı anılar biriktirmeye de devam ediyordu. Macera onun için henüz bitmemişti. Jake tatilinin yarısını doldurmuştu. Heyecanlarla, kazalarla geçen günlerin ardından sadece dinlenmeye ihtiyacı vardı. Plaja uzandı, kitap okumaya başladı. Güneş kremini aldı çantasından ama bir şey fark etti. Kremi aldığı şişe karışık görünüyordu. Çantanın dibinde unutulmuş güneş losyonu da vardı. İkisini karıştırmış olamazdı değil mi? Bu bara gelen en tuhaf kişi olduğu için karıştırması mümkündü. Bu andan sonra o ne yapsa şaşırmazdım. Kremi sürmeye başladı ama koku farklı geldi. Duraksadı, şişeyi inceledi. Evet karıştırmıştı. Yüzünde hissettiği sıcaklık, kızarmaya başlayan derisi. Hemen toplanıp otele gitmeliydi. Ondan izin istedim ve su içmek için barın diğer tarafına doğru yürüdüm. Gülmekten yorulmuştum. Soyunma kabininden çıktığında teni koyu kahverengine dönmüştü bile. Banyoya girdi buharla rahatlamaya çalıştı. Yanık hissediyordu. Otel resepsiyonundan doktor çağırdı. Gelen doktor yanığın ciddi olmadığını, sadece geçici bir kızarma olacağını söyledi. Kesinlikle güneşe çıkmaması gerektiğini ekledi. Jake birkaç gün otel odasına mahsur kaldı. Teni yavaş yavaş eski haline dönüyordu ama hala koyu lekeler vardı. Tatilinin yarısı gölgede geçecekti. En azından kazalardan kurtulmuştu bir süre diye düşündü. Aynada kendine baktığında gülümsedi. Bu tatilde beklenmedik bir ok şey yaşamıştı. Belki de ileride enteresan anılar olarak hatırlayacaktı bunları. Şimdi dinlenmeye ihtiyacı vardı sadece Jake iyileşmeye başlamıştı artık. Oda hapsinden kurtulmanın mutluluğunu yaşıyordu. Son gününde harika bir aktivite deneyecekti. Muhteşem manzaralar eşliğinde stres atacak, içindeki enerjiyi boşaltacaktı. Yolda ilerlerken fark ettiği bitki ve hayvan türleri hayranlığını artırıyordu. Derin nefesler alıp veriyor, mutluluğunu yaşıyordu. Bir süre sonra kendini kaybettiğini anladı. Yanlış yöne sapmıştı. Pusula çıkardı ama bulanık görünüyordu. Hava kararmaya başlıyordu. Malta'da kaybolan ve kimseden yardım istemeyi akıl edemeyen tek insandı. Daha doğrusu onun macera isteği ona engel oluyordu, onun sağlıklı düşünmesini engelliyordu. O her şeyi kendisi başarmak istiyordu ve yanlış yapmak onun hoşuna gidiyordu. Bu yüzden kaybolacak kadar aklı karışmıştı. Onun etrafında görünmez bir çember vardı o dışarıyı göremiyordu. Kendi dünyasında macera arıyordu. Neyse ki yanında su ve ekmek vardı. Geceyi açıkta geçirmek zorunda kalmayacaktı. Bu son sözde artık kahkaha atmaya başladım ve diğer insanların bizi izlediğini fark ettim onlarda hikâyeyi dinlemeye başlamışlardı. Ben kendimi kaptırdığım için onları fark etmemiştim. Jake çölde kaybolduğunu falan sanıyordu. Misafirperver bir aile Jake'i evlerine davet ettiler. Sıcacık bir yerde kaldı. Sabaha karşı uyandığında pencereden muhteşem manzarayı izledi. Oteline döndüğünde tatilinin son gününü yaşıyordu. Bu olay sayesinde aslında keyif almaya başladığını anlamıştı. Hem macera hem de sakinlik dolu bir hafta geçirmişti. Artık Tekne'yi özleyecekti. Arkadaşlar edinmiş, deneyim kazanmıştı. Tatilinin en güzel yanının ise beklenmedik olaylar olduğunu düşünüyordu. Evine mutlu bir şekilde dönecekti. Onun buradaki son saatleriydi ve gitmeden buraya gelip bizleri güldürmüştü. Onun güzel, samimi hikayesi sayesinde eğlenmiştik. Kısa bir süre sonra saatine baktı ve vedalaştık artık gitmesi gerekiyordu. Hepimiz onunla birlikte dışarıya çıktık o bizlere sarıldı. Umarım macera olsun diye uçaktan atlamaya **kalkmaz.**

15. YENİ BİR BAŞLANGIÇ

Sabah olmasına az bir zaman kalmıştı. İnsanlar yerlerine oturmuş sohbet etmeye devam ediyorlardı. Müşterilerin isteği üzerine müziğin sesini fazlalaştırdım içerisi serindi ve sessizdi. Zaten içeride pek fazla insan kalmamıştı kimse gelip bir şey istemiyordu. Birkaç genç arada bir gelip zilleri çalıp kağıtları dallara takıp gidiyorlardı artık dalları temizlememin zamanı gelmişti. Bugünlerde bu işi yapmalıydım. Dileklerini bir kâğıda yazıp dallara asan gençler ilk defa barda ağaç dalları gördükleri için şaşırıyorlardı. Loş ve farklı renklerdeki ışıklar, tavandaki yazılar, farklı tarzdaki masalar, renkli bardaklar buranın simgeleriydi. Kapının açılması beni şaşırttı bu saatte pek kimse gelmezdi. Kapı dışarıya çıkmak isteyen insanlar için açılırdı. İçeriye giren yalnız, orta boylu, siyah saçlı bir kızdı yaklaşık olarak otuzlu yaşlarında olan bu kızı ilk başlarda tanımasam da sonradan hatırladığım Jane'di. Herkesin onun dansı ile eğlendiğini söyleyebilirim. Onu dans etmeye teşvik edebilirseniz eğleneceğinizi garanti edebilirim. O uzun bir zamandır buraya gelmemişti ve onun yurtdışında olduğunu duymuştum. Jane, genellikle sabahın ilk ışıklarına kadar süren partilerde bulunmayı tercih eden birisi olarak biliniyor. Genç, enerjik ve sosyal birisi, gece hayatı onun için vazgeçilmez bir parçadır. Jane bara girer girmez hemen dikkatleri üzerine çeker. Bakışları ve gülümsemesi çok çekicidir ve insanların dikkatini çekmeyi başarır. Barda yapılan herhangi bir etkinlikte, genellikle şaşırtıcı ve eğlenceli dansları yapılmasıyla tanınır. Müzik, onun tutkusu ve dans etmek onun yaşam tarzıdır. Jane, barda yalnız veya arkadaşlarıyla birlikte olsa bile, her zaman mutlu, enerjik ve pozitiftir. Onun hayat dolu olması ve başkalarını eğlendirme isteği, etrafındaki insanları kendisine çeker. Onun birçok tanıdığı vardır ve onun dostları her yerdedir, kapıdan girdiği andan beri insanlara selam veriyor bu yüzden hala buraya gelmeyi başaramadı. Onu görenler ayağa kalkar ve ona sarılır. Onun her zaman konuşacak bir mevzusu vardır ve güzel bir kızdır. Bireysel olarak çok eğlenceli bir kişi olan Jane, arkadaşlarıyla birlikte barda olmayı daha da heyecanlı hale getirir. Jane, aynı zamanda bir yandan da harika bir görünüme sahiptir. Her zaman şık ve tarz kıyafetleri giyer ve makyajı ile saçı da dikkat çekicidir. Barda onu ilk kez görüyorsanız, onu fark etmeniz gerekiyor. Sadelikten uzak duran ve her zaman ilgi çeken bir tarza sahip olmayı tercih eden Jane, her zaman partilerin en güzel kızı olmayı başarmıştır. Kuşkusuz, Jane'in bir bara girerken enerjisi her zaman yüksektir. Yorgun olduğunuzda bile, Jane ile birlikte dans ederken veya onunla sohbet ederken enerjiniz yükselir. Jane, bir barda olmayı sadece eğlenmek için değil, aynı zamanda yeni insanlarla tanışmak için de sever. Onun sosyal yetenekleri, onunla tanıştığınızda çok etkili hale gelir. Hem erkekler hem de kadınlarla konuşmaktan keyif alır ve onun samimi ve arkadaş canlısı tavırlarından etkilenmiş olabilirsiniz. Jane'i geniş sosyal alanlarda, onu daima aktif bir sosyal hayata sahipken görebilirsiniz. Jane, sabaha karşı bara girerse, herkesin eğlenmesini sağlar. Onun enerjisi ve müziğe olan tutkusu, sizi de etkisi altına alacak ve Jane ile birlikte olmak sizin için büyük bir mutluluk ve keyif olacak. Sonuç olarak, Jane'in sabaha karşı bara girmesi kesinlikle eğlenceli, heyecan verici ve muhteşem bir deneyimdir. Nihayet o karşımda uzun zamandır görmediğim bu kızı özlediğimi fark ettim. Ona sarılmak için uzanıyorum belli ki o da beni özlemiş. Ona sarıldığım sırada birkaç şişeye çarpıyorum bardaklar yere düşüyor. Neyse ki bardaklardan hiçbiri kırılmadı. İkimizde sakinleştikten sonra o zillere vurmaya başladı, o her zaman burayı çok sevdi. O uzun zamandır buraya gelmiyordu veya ben öyle hissediyordum. Emin değilim ama bildiğim bir şey var onunla olan sohbetleri özledim. Onun en sevdiği kokteyli hazırlamaya başladım o etrafı izlerken bütün becerimi kullanıp çok güzel bir içecek hazırlamaya başladım. O içkisini içiyordu ve nedendir bilmiyorum o suskundu. Onun yorgun olabileceğini düşünsem de yine de bundan emin olamadım. Bir süre sonra o bana seslendi ''biliyor musun ben buraya yeni geldim '' dedi. Bu duruma şaşırmadım o iş için seyahat eden bir insandı. Birçok yere gitmişti. Onun ilgili hep olumlu şeyler düşündüğüm için onun da üzülebileceği hiç aklıma gelmemişti. Bir süre eski günlerden konuştuk ve güldük o bana bir şey söylemek istiyordu bundan emindim. Bir süre sonra tekrar yüzüme baktı ve ben artık Amerika'da yaşıyorum dedi. Ben meraklı gözlerle ona bakarken oda bazı şeyleri anlatmak için sabırsızlıkla bekliyordu. Çünkü o ve ben hiçbir sebep yokken bir şeyler anlatırdık ve o gün bazı şeyleri itiraf ederdik. Biliyordum artık zamanı gelmişti anlatmanın, bugün ben sustum o anlatmaya başladı

Aşk, hayatımızın en güzel ve karmaşık duygularından biridir. Yüzyıllar boyunca insanlar, aşkın büyüsüne kapılmış ve aşka birbirini kapsayan bir tutkuyla bağlanmıştır. Belli ki bugün ki konumuz önemliydi. O zaten sık sık yeni kararlar veren fakat çabuk sıkılan birisiydi. Bu bağlamda, dünyanın her yerinde birçok aşk hikayesi yaşanmıştır. Ancak bazı aşklar vardır ki sıradan değildir, iki insanın hayatı değişir ve onları farklı bir dünyaya sürükler. İşte size gerçek bir aşk hikayesi bu hikâye Jane ve Alex'in hikayesi. Jane ve Alex dünyanın farklı yerlerinden, farklı kültür ve geçmişlere sahip iki kişidir. Bırakın âşık olmayı, buluşacaklarını bile düşünmüyorlardı. Ancak kaderin bir gerçeği olarak, yolları fırsatlar ülkesinde, Amerika'da kesişti. O her zaman ikonik simgeleri, farklı kültürü ve hızlı yaşam tarzıyla Amerika'yı ziyaret etmeyi hayal etmişti. Sonunda Amerika Birleşik Devletleri'nde yurt dışında eğitim alma fırsatını yakaladı ve bu onun için bir hayalin gerçekleşmesiydi. Alex ise Amerika'da doğup büyüdü. Hayatının tamamını, sürekli olarak şehir yaşamının koşuşturmacasıyla çevrelenmiş, hareketli bir şehirde geçirmişti. Kendisini her zaman farklı kültürlerin güzelliğine kapılmış halde buldu ve farklı kökenden gelen insanlarla tanışmaya her zaman açıktı. Yolları yerel bir kafede kesişti ve orada bir kahve içmek için durdular. Sırada durup siparişlerini beklerken sohbet etmeye başladılar. Sanki birbirlerini yıllardır tanıyorlarmış gibi kolay ve doğaldı. İletişim bilgilerini alıp verdiler ve çok geçmeden düzenli olarak telefonla konuşmaya başladılar. Kültürel farklılıkları hakkında konuşarak, deneyimlerini paylaşarak ve birbirlerinden çok şey öğrenmeye başladılar. Jane Amerikan yaşam tarzından büyülenmişti, Alex ise Jane'in cazibesinden ve zekasından etkilenmişti. Onları giderek daha da yakınlaştıran şey bu merak ve öğrenme isteğiydi. Zaman geçtikçe arkadaşlıkları daha da farklı bir şeye dönüştü. İkisi de kendilerini birbirlerine âşık olmuş halde buldular. Telefonda saatlerce konuşarak düşüncelerini, hayallerini ve korkularını paylaşıyorlardı. Ayrıca uzun yürüyüşlere çıkıyor, şehri birlikte keşfediyor ve farklı kültürlerden yeni yemekler deniyorlardı. Ancak aşk hikayeleri zorluydu ama onlar için imkânsız değildi. Jane iş için İsveç'e dönmek zorunda kaldığı için aralarındaki mesafeyi aşmaları gerekiyordu. Ancak bunun ilişkilerine engel olmasına izin vermediler. İletişim halinde kalmaya devam ettiler ve mümkün olduğunda birbirlerini ziyaret etme planları yaptılar. Birbirlerini tanıdıkça ne kadar çok ortak noktaya sahip olduklarını anladılar. Hayatta aynı değerleri, inançları ve hedefleri paylaşıyorlardı. Ve dünyanın farklı yerlerinden gelmelerine rağmen onları yakınlaştıran derin bir bağ buldular. Aileler başlangıçta kültürel farklılıkların sorun yaratacağı korkusuyla ilişkileri konusunda tereddütlüydü. Ama birbirlerini tanıdıkça Jane ve Alex'in birlikte olması gerektiğini anladılar. Desteklediler ve ilişkilerini samimi olarak desteklediler. Bugün Jane ve Alex mutlu bir evliliğe sahipler ve Amerika'da yaşıyorlar. Onların aşk hikayesi, uzak sınırların tanınmadığının ve kültürel farklılıkların aşılabileceğinin bir örneği. Birbirlerinin kültürlerini benimsemeyi, gelenekleri hayatlarına katmayı öğrenenler. Hikayeleri aynı zamanda pek çok kişiye ilham kaynağı oluyor ve aşkı beklenmedik yerlerde ve tamamen farklı bir geçmişe sahip biriyle bulmanın mümkün olduğunu gösteriyor. Jane ve Alex'in aşkı sınır tanımıyor ve aşkın gerçekten sınır tanımadığını kanıtladı. Bu şekil biten bir hikâye beni şaşırttı. Hikâyenin devamında onların mutlu bir evliliği olduğunu düşünsem de yanıldığımı anladım. Güzel bir evleri vardı ve her ikisi de kendi kariyerlerinde başarılıydı. Ancak mükemmel görünen bu birliktelik, Alex'in eşi onu aldatırken yakalayınca çökmek üzereydi. Sıradan bir gündü ve Alex'in eşi Jane ona ofiste öğle yemeğiyle sürpriz yapmaya karar vermişti. Ona haber vermeden ofisine gitti. Ofisine girdiğinde yalnız olmadığını fark etti. Ofisinde bir kadın vardı ve birbirleriyle oldukça samimi görünüyorlardı. Jane gözlerine inanamadı; kocasının başka bir kadınla flört etmesini izlerken duruma inanamayarak orada durdu. Duygularına daha fazla hâkim olamadı ve gerçek ortaya çıktı. Adam'ın ofisindeki kadın onun meslektaşıydı ve aralarında bir ilişki vardı. O kocasını ve arkadaşını görmüştü. Bu sahne Jane için bir kabustan başka bir şey değildi. İhanete uğradığını, incindiğini ve öfkelendiğini hissetti. En güvendiği kadın kalbini milyonlarca parçaya ayırmıştı. Adam'ın kim bilir ne kadar süredir ona yalan söylediğine ve onu aldattığına inanamıyordu. Acı dayanılmayacak kadar büyüktü ve tek kelime etmeden ofisinden çıktı. Alex'in sadakatsizliğinin haberi hızla yayıldı ve çok geçmeden arkadaşlarının ve ailelerinin durumdan haberi oldu. Jane üzüldü, mahvoldu ama onunla yüzleşmeye ve hikâyeyi onun açısından dinlemeye karar verdi. Bunu yaptığında, ilişkinin, evliliklerinin zorlu bir döneminde, her ikisinin de kişisel ve mesleki yaşamlarını dengelemeye çalıştıkları sırada başladığını fark etti. Jane onun kendisini aldatma nedenini anlamaya çalıştı ama hiçbir gerekçe bulamadı. Bu olayın ardından hayatları altüst oldu. Jane ona güvenemedi ve ilişkileri ciddi şekilde zarar gördü. Çiftin ilişkilerinin tekrar yoluna girmesi çok fazla zaman, sabır ve sıkı çalışma gerektirdi. Ancak sadakatsizliğin yaralarını iyileştirmek kolay olmadı ve bu durum ilişkilerine zarar verdi. Bir zamanlar evliliklerinin temelini oluşturan güven artık kırılmıştı ve onu yeniden inşa etmek zordu. Jane toplumdan gelen yargılama ve eleştirilerle uğraşmak zorunda kaldı. Neden onunla kalmayı seçtiği konusunda sürekli sorgulandı. İnsanların farklı düşünceleri vardı. Sadakatsizlik karmaşık bir sorundur ve herkesin bildiği tek bir çözümü yoktur. Ancak değişmeyen şey, sadakatsizliğin çok büyük acılara neden olduğu ve evliliğin temellerini yok ettiği gerçeğidir. O evlendiği günden beri dansa olan tutkusundan ve mesleğinden uzak kalmıştı. O çalışıyor olsa da zaman zaman bazı dans gösterilerine gitmiyordu çünkü Alex onun gitmesini istemiyordu. Alex, dansa olan ilgisini anlamamış ve ona destek olmak yerine onu engellemişti. Boşanma sonrasında Jane, kocasının evinden ayrılarak yeni bir eve taşınmayı düşünmeye başladı. Bu karar onun için oldukça önemliydi çünkü kendi ayakları üzerinde durmayı ve kendi hayatını kontrol etmeyi öğrenecekti. Eski evlerinde ve yaşadıkları hayattaki anıların hepsini geride bırakacak, yeni ve özgür bir hayata adım atacaktı. Yeni bir eve taşınmak, Jane için biraz değişmekle birlikte aynı zamanda heyecan vericiydi. Dansa olan tutkusunu yeniden canlandırmak ve mesleğine geri dönmek için kendi evinin olması gerekiyordu. Jane, küçük bir daireyi kiraladı ve iç dekorasyonunu kendi zevkine göre yaparak evini kişiselleştirdi. Bu onun için aynı zamanda terapi gibi oldu. Jane, boşanma sonrasında hayatına tek başına devam ederken, dansa olan tutkusunu da yeniden keşfeder. Dansla ilgili atölyelere katılarak yeni insanlarla tanışıyor ve mesleğinde ilerlemek için kendisine yeni fırsatlar yaratıyordu. Jane artık özgürdü ve dansa olan tutkusunu görmezden gelmek yerine ona tam anlamıyla sahip çıkmıştı. Tek başına yaşamanın getirdiği sorumluluklar ve zorluklar onun için hiçbir zaman engel olmuyor. Böylece, kendi kontrolünü ele alabilmenin ve her şeyi kendi başına yapabilmenin gücünü elde etmek daha da zevkliydi. Jane'in yeni evinde tek başına yaşaması, onun bağımsızlığını arttırdı. Onun için evi, kendi alanıydı ve orada istediği gibi yaşayabiliyordu. Boşanma sonrasında tek başına hayatına devam eden kadının hikayesi, birçok kadına ilham kaynağı olabilir. Herkes, onu cesur ve güçlü karakteri olduğu için hayranlıkla izlerdi. Onun en büyük hayali dans etmektir ve bu hayaline ulaşmak için hiç durmadan çalışmaktadır. Ancak Jane, her zaman profesyonel olmak için her türlü sınavı geçmiştir. Geçen haftalarda, Jane için oldukça önemli olan bir sınav vardı. Bir dansa katılabilmek için yapılan bu seçimler, onun hayatındaki en önemli seçimdir. Jane, bu sınava hazırlanmak için tüm günlerini evde geçirirken, aslında kendi içinde bir mücadele veriyordu. Kendine olan güveni zayıflıyordu. Ancak genç dansçının bitmeyen azmi ve disiplini, ona sınavda başarılı olma şansı veriyordu. Sonunda gün geldiğinde, sınavın yapılacağı salona gittiğinde kalabalık ve coşku ile karşılandı. Onun için bu gerçek bir sınavdı. Jane, cesurca sahneye çıktı ve yaptığı dans hareketiyle izleyicileri coşturdu. Sahnedeki enerjisi ve yetenekleri sayesinde insanlar ona hayran kaldı. Jane, sınavı başarıyla geçmiş ve dans okuluna kabul edilmişti. Bu haber, Jane için gerçek bir mutluluk kaynağıydı. Onun azminin ve hırsının sonucu güzel sonuçlanmıştı. Seçmelerin kazananı olarak, bundan sonraki zamanını dans etmekle geçirecekti. O aynı zamanda güzel bir işe sahip oldu. Kazanç ve güzel bir iş sahibi olmak, Jane'in dönüm noktası oldu. O artık hem okula gidiyordu hem de dans ederek para kazanıyordu. Hayatında ki bu değişim de ona büyük bir güç veriyordu. Jane'in öyküsü, gençlerin hayallerinin ne kadar önemli olduğunu gösteriyor. Cesaret ve isteklerle sürdürülen tutkulu bir çaba sonucu, istenilen şeyi başarmak mümkün olabiliyor.

Bir kez daha sabah oldu, İçerideki son müşterilerde dışarıya çıkıyorlar. Bu gece eski bir dostu gördüğüm için oldukça mutluyum. Onun zorlu ama güzel hikayesini dinlemekten memnunum. Şu an düşünüyorum her gün farklı insanları dinledim. Onların hikayeleri komikti, hüzünlüydü ama her zaman samimiydi. Bugün yorulduğumu hissetmedim çünkü Jane benim iyi olmamı sağladı.

Renkli ışıl ışıl loş bir ortam, renkli bardaklar, tuhaf masalar, bardaki ağaç dalları ve birçok güzel şey ile Utopia Angel 42 kapanıyor. Geldiğiniz için **teşekkür ederim.**